Pollino und Pollina entdecken die Welt

CRES LOŠINJ
ADRIA-INSELN

Ein Reiseführer für Kinder

Bernd O. Schmidt • Stephan Hörmann

edition KAPPA

Mein Dank gilt Irena Dlaka und Nadir Mavorvić, die Informationen zur Geschichte der Kultur und der Naturwelt der Inseln in aufwändiger Arbeit zusammengetragen haben. Besonders hervorheben möchte ich das Mitwirken von Gabriele Mavrović, deren verständige Übersetzung aus dem Kroatischen einen großen Beitrag für das Gelingen dieses Reiseführer geleistet hat.

Bibliografische Information der Deutschen Bibliothek

Die Deutsche Bibliothek verzeichnet diese Publikation in der Deutschen Nationalbibliografie; detaillierte bibliografische Daten sind im Internet über http://dnb.ddb.de abrufbar.

edition KAPPA, Verlag für Kultur und Kommunikation, München
1. Auflage 2003

Text: Bernd O. Schmidt
Illustrationen: Stephan Hörmann
Grafik/Satz: Götze + Brachtl, München
Fotos: Nadir Mavrović/ Bernd O. Schmidt
Titelfoto: Giovanni Bearzi

Inhalt

Seite

Willkommen auf der Inselwelt

Als vor etwa 25.000 Jahren das Eis der riesigen Gletscher, die die Alpen in der Eiszeit bedeckten, zu schmelzen begann, stieg der Meeresspiegel des Adriatischen Meeres um rund 100 Meter an. Das Meer dehnte sich aus. Tief gelegene Täler, die bislang von Bäumen und Pflanzen bewachsen waren, füllten sich langsam mit Wasser, bis schließlich nur noch Hügel, Berge und Gebirgszüge aus dem Meer ragten. Auf diese Weise entstanden die Inseln in der Nordadria. Noch vor 12.000 Jahren hätte man vom heutigen Festland aus trockenen Fußes zu den Inseln Cres und Lošinj wandern können.

Aber was wäre diese Landschaft ohne das Meer und seine einzigartigen Farben. An sonnigen und windstillen Tagen schmiegt sich das Meer wie ein azurblaues, bisweilen türkises Tuch an die Inseln, deren Felsen im Sonnenlicht hell leuchten. Bei bedecktem Himmel und Regen erscheint das Meer in undurchdringlichem Grau. Doch, wenn man genau hinsieht, sind darin rosa, blaue und lila Farbschattierungen zu erkennen. Weiß schäumt das Meer bei Bora, jenem berüchtigten Sturmwind, der die Wolken im Nu vertreibt und den Himmel wieder aufklart. Aus dem Weiß des tosenden Meeres schimmern kalte Blautöne hervor.

Oben: Der Süden der Insel Lošinj
Links oben: Die Stadt Cres
Links unten: Blick auf Mali Lošinj und Umgebung

Sehen und erleben – Urlaub auf den Inseln

Das Meer, die Sonne und der Wind haben die Landschaft der Inseln Cres und Lošinj und auch deren Bewohner über Tausende von Jahren geprägt. Kennzeichen der Inseln ist eine außergewöhliche Vielfalt der Landschaft und der menschlichen Kultur.

Üppig grüne Kiefernwälder säumen die Küste großer Teile der Insel Lošinj, während sich die Küstenstriche der Insel Cres oft ausgedörrt und felsig darbieten. Im Inselinnern bestimmen größere Waldlandschaften und grüne Auen das Bild ebenso wie karge Schafweiden, auf denen eine Vielzahl von Kräutern wächst. Unzählige Steinmauern – mit größten Anstrengungen haben die Inselbewohner über Jahrhunderte Stein auf Stein geschichtet – überziehen das Land.

In der Abgeschiedenheit der Inseln entstanden kleine romantische Bauern- und Fischerdörfer genauso wie reiche Küstenstädte, die in der Vergangenheit Seehandel oder Schiffbau betrieben und in denen berühmte Schiffskapitäne zu Hause waren.

Ein Urlaub auf den Inseln verspricht Natur und Landschaft pur – und das ist keineswegs übertrieben. Nur knapp 12.000 Menschen bewohnen die Inseln Cres und Lošinj. Sie leben in der Hauptsache in den beiden

Der Hafen von Mali Lošinj

Städten an der Küste: Mali Lošinj und Cres. Auch das Inselinnere ist nur sehr dünn besiedelt. Hier auf den Inseln könnt ihr also reine Luft einatmen: Weit und breit gibt es keine Industriebetriebe, die ihre Abgase in die Luft schleudern. Und auch der Autoverkehr ist stark begrenzt. Die Straße, die Porozina, den Fährhafen im Norden der Insel Cres, mit Veli Lošinj im Süden der Insel Lošinj verbindet, bildet die einzige Verkehrsader der Inseln.

Dieser Reiseführer zeigt euch die eindrucksvolle Landschaft der Inseln, die von Hügeln und Bergen durchzogen sind. Auf den hier vorgeschlagenen Wanderungen und Ausflügen begegnet ihr einer vielfältigen Tierwelt und wunderbar duftenden Pflanzen.
Das Meer ist sicherlich die Hauptattraktion der Inseln. Sauber und klar wie die Luft findet ihr in aller Regel das Meer, das die Inseln Cres und Lošinj umgibt, vor. Es lädt zum Planschen, Schwimmen und vor allem Schnorcheln ein. Auch wenn ihr Lust auf Windsurfen oder Segeln habt, seid ihr hier genau richtig.

Wie viele verschiedene Völker haben auf den Inseln gesiedelt oder geherrscht: Liburner, Römer und Kroaten, Venezianer, Österreicher, Italiener! – Sie alle haben noch heute sichtbare Spuren ihrer Kulturen hinterlassen. In den Dörfern und kleinen Städten der Inseln bieten sich euch spannende Entdeckungsreisen zu den Kulturen der Vergangenheit und der Gegenwart. Das Geschwisterpaar Pollino und Pollina begleitet euch auf vier Besichtigungstouren, die ihr jeweils bequem an einem halben Tag zurücklegen könnt.

Pollino und Pollina zeigen euch zunächst die **Stadt Cres,** die ihr Aussehen seit dem Mittelalter kaum verändert hat. Von dort führt sie der Zufall in das kleine zauberhafte Dorf Lubenice, das wie ein Adlerhorst auf steilen Felsen über dem Meer liegt.

Osor ist heute ein kleines Dorf, doch besitzt es eine lange und ruhmreiche Vergangenheit: Zu den Zeiten des antiken Rom war es eine Stadt und ein wichtiges Seehandelszentrum, in dem 15.000 Menschen lebten.

Die Orte **Mali und Veli Lošinj** stecken voller Geschichten über Segelschiffe, Piraten, berühmte Kapitäne und über kaiserliche Herrschaften. Heutzutage sind die beiden Orte Anziehungspunkte für Touristen aus aller Welt.

Wenn ihr mal gerade keine Lust habt, an den Strand zu gehen, oder wirklich Neues entdecken wollt – nichts wie los auf Entdeckungstour! – Pollino und Pollina sorgen für Spannung und Unterhaltung!

Die Anreise

Für eine Urlaubsreise auf die Inselgruppe Cres-Lošinj ist das Auto sicherlich das geeignetste Verkehrsmittel. Auf den Inseln verkehren zwar Linienbusse, die alle größeren Orte bedienen. Allerdings beschränkt sich eine gute Verkehrsanbindung hauptsächlich auf die Morgenstunden. Auf den Inseln gibt es keine Autovermietungen!

Für Anreisende aus Deutschland oder Österreich ist die Autobahn Salzburg-Villach oder Wien-Klagenfurt bis nach Ljubljana und von dort Richtung Rijeka die kürzeste Strecke. Eine weitere Möglichkeit wäre, über italienische Autobahnen anzureisen. Entweder über Verona-Venedig oder Tarvisio-Udine bis nach Triest und anschließend Richtung Rijeka. Dann habt ihr zwei Alternativen. Die Insel Cres ist über zwei Fähren mit dem Festland verbunden. Von Brestova aus, das an der istrischen Südküste liegt, besteht eine Fährlinie nach Porozina auf die Insel Cres. Oder ihr wählt den Weg über die Hafenstadt Rijeka (Rijeka bedeutet übersetzt Fluss). Ihr müsst stets den Wegweisern nach Split folgen, um euch im Straßengewirr Rijekas nicht zu verirren. Nachdem die Stadt passiert wurde, geht's entlang der Küstenstraße bis zur Abzweigung zur Insel Krk. Krk ist über eine monumentale und mautpflichtige Brücke mit dem Festland verbunden. Von der Insel Krk gibt es ebenfalls eine Fährverbindung zur Insel Cres (Linie Valbiska-Merag). Hinweisen zu den Fahrplänen findet ihr auf S. 183.

Die Hauptstraße, die die Inseln von Nord nach Süd durchquert, ist 84 km lang und meist sehr schmal und kurvenreich. Bitte sagt euren Eltern, sie mögen vorsichtig fahren, damit die Familie heil ans Urlaubsziel und auch wieder nach Hause gelangt!

Unvergessliche Reiseeindrücke bietet euch die vierstündige Anfahrt mit der Fähre, die von der istrischen Stadt Pula einmal täglich (nur in den Sommermonaten!) Mali Lošinj anläuft. Was gibt es Aufregenderes, als eine romantische Hafenstadt auf dem Seeweg anzusteuern. Pluspunkt für diejenigen mit Reiseziel Lošinj: Auf diese Weise erspart ihr euch eine kurvenreiche Autofahrt über die Insel Cres. (Auskunft und Buchung der Fähre Mali Lošinj-Pula über Jadrolinija, Tel. 00385-(0)51-231765)

Im Sommer 2002 wurde eine neue Fährverbindung eingerichtet. Ein Katamaran pendelt zwischen Mali Lošinj und Rijeka. Das Boot verkehrt täglich. Zwischenstopps werden außer dienstags und donnerstags auf den Inseln Susak, Unije sowie in den Orten Martinšćica und Cres eingelegt. Dienstags und donnerstags werden stattdessen Ilovik, Novalja sowie die Stadt Rab (beide auf der Insel Rab) angefahren. Abfahrt ist um 6 Uhr morgens in Mali Lošinj. Ankunft in Rijeka 8.40 oder 9.20 (bei der Tour über Rab). Um 17.00 geht es von Rijeka aus zurück. Achtung: KEINE AUTOFÄHRE!

Im Hafen von Brestova

Bei einer Anreise aus eurem Heimatland mit der Bahn ist Rijeka der Zielbahnhof. Im nahen Hafen legt die oben genannte Fähre nach Mali Lošinj ab. Oder ihr steigt in den Bus Richtung Cres-Veli Lošinj um. Die Busstation befindet sich direkt neben dem Bahnhof. Die Busfahrt von Rijeka nach Mali Lošinj dauert etwa 4 Stunden (Auskünfte erteilt das Touristikbüro in Mali Lošinj – Tel.: 00385-(0)51-231547).

Da die Piste des Flughafens der Insel Lošinj für größere Flugzeuge zu kurz ist, gibt es keine regelmäßigen Flugverbindungen vom In- und Ausland zu den Inseln.

Eure Ausrüstung

Für euren Aufenthalt auf der Cres-Lošinjer Inselgruppe sollte euer Reisegepäck unbedingt folgende Gegenstände enthalten:
Um euch gegen die starke Sonne zu wappnen: Sonnencreme – mindestens Schutzfaktor 20! – sowie eine Kappe oder eine andere leichte Kopfbedeckung.

Jeder Sommer geht einmal zu Ende: In der Übergangszeit zum Herbst (oder im Frühjahr) kann es auch im Süden heftig regnen: Also Regencape nicht vergessen! Und auch einen wärmenden Pullover für kühlere Abende oder Regentage einpacken.

Für Ausflüge in die Natur benötigt ihr festes Schuhwerk. Am besten sind Trekkingschuhe, die geben Halt. Denn das Gelände ist meist felsig, bisweilen besteht es aus Geröll, und oft führen die Wege durch dichtes Gestrüpp.
Denkt auch an eine Trinkflasche, sodass ihr bei euren Unternehmungen stets mit Trinkbarem versorgt seid.

Falls ihr euer Rad dabei habt oder euch auf der Insel eines ausleiht, solltet ihr von zuhause einen Radlhelm mitbringen.

Rucksack, Fernglas und dieser Reiseführer erweisen sich als nützlich!

Die geographische Lage der Inseln

Die Insel Cres ist mit 406 Quadratkilometern die zweitgrößte Insel in der Adria, und nur um weniges kleiner als die benachbarte Insel Krk. Die Insel Lošinj dagegen ist nur rund 75 Quadratkilometer groß.
Die Inselgruppe Cres-Lošinj liegt um den 45° Breitengrad, etwa wie die Städte Bukarest in Rumänien oder Ferrara in Italien.

Insgesamt 36 Inseln umfasst der so genannte Cres-Lošinjer Archipel. Als Archipel bezeichnet man eine Inselgruppe. Sie ist, was ihre Fläche, die größte in der Adria. Nur wenige der Inseln sind jedoch bewohnt. Neben den beiden Hauptinseln sind dies: Susak, Ilovik, die beiden Inseln von Srakane sowie Unije.
Die Inselgruppe gehört zum Gebiet der Kvarner Bucht. Das Wort „Kvarner" leitet sich von der italienischen Bezeichnung „Quarnero" ab. In diesem Wort steckt „quattro" – „vier"! Gemeint sind damit die vier großen Inseln Krk, Rab, Cres und Lošinj.

Die Inseln Cres und Lošinj ziehen sich in nord-südöstlicher Richtung hin. Ebenen, sanfte Hügel, steile Abhänge und gebirgige Landschaften wechseln sich ab. Die höchste Erhebung der Inselgruppe ist der Berg Sis auf der Insel Cres mit 638 Metern Höhe. Der Gebirgszug im Norden der Insel Lošinj heißt Osoršćica und ist nach dem Ort Osor benannt, der am Fuße des Gebirges liegt. Der höchste Gipfel des Osoršćica ist der Televrina mit 588 Metern. Im Südwesten der Insel Cres führt eine Drehbrücke, die einen Meereskanal überspannt, auf die Insel Lošinj. Ungewiss ist, ob dieser 12 Meter breite Kanal im Altertum von Menschenhand angelegt wurde, damit Schiffe und Boote passieren konnten, oder ob die Natur diesen Durchgang geschaffen hat.

Klima, Mensch und Natur

Alte Olivenkulturen auf der Insel Cres

Das Klima der Inseln ist geprägt durch ihre geographische Lage südlich der Alpen im Adriatischen Meer:
Auf den Inseln herrscht im großen und ganzen *mediterranes Klima* vor. Das heißt: Die Sommer sind warm und trocken, Regen fällt hauptsächlich im Herbst und Winter. Die Winter sind jedoch mild.
Auf der Inselgruppe lassen sich aber durchaus Unterschiede feststellen. Der Norden der Insel Cres, der von den Einheimischen *Tramuntana* genannt wird, gehört zu einer Zone mit so genanntem *submediterranen Klima*. Dort ist es im Durchschnitt etwas kühler und es fallen auch mehr Niederschläge als in den Regionen weiter südlich. Die Stadt Cres sowie die Gebiete südlich davon fallen in die eigentliche Zone des *mediterranen Klimas*.

Das Meer, das die Inseln umgibt, spielt für das Klima eine wichtige Rolle. Das Meer bedingt vor allem gemäßigte Temperaturen. Die Lufttemperaturen werden stets durch die Meerestemperaturen beeinflusst: So werden die Hitze im Sommer wie auch die Kälte im Winter durch das Meer jeweils abgemildert.

In der Nähe von Osor

Meerestemperatur (gemessen in Veli Lošinj):

Juni	20,5°
Juli	23,2°
August	23,6°
September	21,6°
Oktober	19,2°

Sonnenstunden pro Jahr (Mali Lošinj): 2.563

Sonnenstunden nach Jahreszeit (Mali Lošinj):

Frühling:	669
Sommer:	998
Herbst:	537
Winter:	359

Anhand der Temperaturtabelle erkennt ihr, dass es im Winter in Mali Lošinj relativ warm ist, während auch die Hitze in den Sommermonaten Juli und August erträglich ist.

Die mittleren Durchschnittstemperaturen (Mali Lošinj) nach Monaten in °Celsius:

Januar	7,8°C	Juli	24,3°C
Februar	7,1°C	August	24,4°C
März	9,9°C	September	20,8°C
April	12,9°C	Oktober	16,7°C
Mai	17,3°C	November	12,0°C
Juni	20,9°C	Dezember	9,3°C

Das ergibt eine mittlere jährliche Durchnittstemperatur von 15,3° Celsius.

Klima und Tourismus

Wie ihr aus den Tabellen ersehen könnt, weist die Insel Lošinj ein sehr mildes Klima auf. Auf der schmalen Insel weit draußen im Meer herrscht zudem eine gleichbleibende hohe Luftfeuchtigkeit. Das sind ideale Bedingungen, um eine Vielzahl von Krankheiten, wie etwa der Atemwege, der Lunge und Bronchien zu heilen. Auch wer an Allergien leidet, fühlt sich auf den Inseln wohl. Die Vorzüge des Lošinjer Klimas bemerkten Wissenschaftler und Mediziner bereits gegen Ende des 19. Jahrhunderts. Im Jahr 1892 wurden Mali und Veli Lošinj offiziell zu Kurorten erklärt. Dort entstanden ab den 80er Jahren des 19. Jahrhunderts Kurheime und Sanatorien. Zur selben Zeit wurden die ersten Hotels und Pensionen errichtet Im Jahr 1894 zählten Veli und Mali Lošinj 415 Gäste. 2.135 Urlauber waren es knapp zehn Jahre später. 1913, im Jahr vor Ausbruch des Ersten Weltkriegs, kamen 8.427 Gäste. In der heutigen Zeit sind die Inseln zu einem Ziel des Massentourismus geworden. Für den Bezirk der Stadt Mali Lošinj – er umfasst auch die Inseln Susak und Ilovik sowie die Insel Cres bis zum Ort Belej – wurden im Jahr 2001 215.000 Gäste registriert.

Eine alte Postkarte. Blick auf den Hafen von Mali Lošinj

Wie die Menschen leben

Etwas weniger als 12.000 Einwohner zählt die Inselgruppe Cres-Lošinj. Die meisten davon leben in den Städten Mali Lošinj (etwa 6.500) und Cres (etwa 2.300). Der Tourismus bildet die wirtschaftliche Grundlage der Menschen, die auf den Inseln beheimatet sind. Viele Einheimische arbeiten in Hotels, Restaurants und Supermärkten. Familien sichern sich Nebeneinkünfte, indem sie Ferienwohnungen für Urlauber in ihren Privathäusern einrichten. Das

Geld, das Touristen während ihres Aufenthalts ausgeben, kurbelt das Wirtschaftsleben an. Der Tourismus schafft und sichert Arbeitsplätze auf den Inseln.

Neben dem Tourismus gehen die Männer in der Hauptsache handwerklichen Berufen nach. Sie verdienen ihren Lebensunterhalt als Maurer oder arbeiten als Bootsbauer in den Schiffswerften von Mali Lošinj, Nerezine oder Cres. Einen wichtigen Wirtschaftszweig bildet der Fischfang. Fisch ist im Gegensatz zu früher, als er eher ein arme-Leute-Essen der Inselbewohner darstellte, zu einer begehrten und teilweise exklusiven Ware geworden. Der Absatz an Großhändler floriert. Der Lošinjer und Creser Fisch wird ans kroatische Festland, nach Italien, Slowenien und in noch weiter entfernte Länder geliefert. Aber auch in den Fischmärkten in Mali und Veli Lošinj oder in Cres gibt es frischen Fisch zu kaufen. Wie schon seit Jahrtausenden züchten die Inselbewohner Schafe und bauen Wein oder Oliven an.

In den Gassen der Dörfer und Städtchen wird euch sicher nicht entgehen, dass viele Wohnhäuser auf den Inseln ihr einstiges Aussehen behalten haben. Um die Häfen der Städte Cres, Mali und Veli Lošinj überwiegen zwar Häuser und ehemalige Paläste, die von venezianischen Vorbildern geprägt sind – kein Wunder, denn die Venezianer haben lange Zeit über die Inseln geherrscht. Jedoch abseits der Häfen und auf dem Land begegnet ihr vielerorts einer ursprünglichen Bauweise, die sich bereits seit Jahrhunderten auf den Inseln bewährt hat.

Das typische Haus in der Stadt:
Dieses Haus ist relativ breit, aber wenig tief: Die Tiefe des Hauses entspricht der Länge eines Zimmers. Unten rechts (vom Betrachter aus gesehen) befindet sich das Wohnzimmer, in dem Gäste empfangen werden. Gegenüber liegt die Küche, in der sich die Familie normalerweise aufhält. Im oberen Stockwerk sind die Schlafzimmer untergebracht.

Das typisch dörfliche Haus:
Dieses Haus verfügt über eine so genannte *balatura,* eine erhöhte Terrasse vor dem Eingang des Hauses, der im 1. Stock liegt. Auf dieser luftigen und sonnigen Terrasse können die Bewohner Gemüse und Früchte in der Sonne trocknen. Unter der *balatura* führt ein Bogendurchgang in den Keller, in dem Werkzeuge aufbewahrt und die Ernte gelagert werden. Ein offener Kamin ist an die Küche angebaut.

Natur und Landschaft

Im Jahre 1771 hat ein italienischer Forschungsreisender die Landschaft der Inseln Cres und Lošinj folgendermaßen beschrieben: „Auffallend ist der große Kontrast zwischen üppiger Waldvegetation und nackten Steinweiden, der jeden Besucher faszinieren wird.“ Mehr als 230 Jahre später hat sich an diesem Erscheinungsbild der Inseln nichts geändert.

Schattig-kühle Eichenwälder bedecken das Inselinnere der *Tramuntana,* den Norden der Insel Cres. Im Süden dieser Insel sowie auf Lošinj herrschen Steineichenwälder und die so genannte „Macchia” vor.
Mit dem italienischen Begriff „Macchia” (gesprochen: *Ma-ckja)* bezeichnet man eine sehr typische Form des Pflanzenbewuchses an den Mittelmeerküsten. Bis zu den Zeiten, als Vendig die Inseln in seinen Besitz nahm, waren diese noch in weiten Teilen mit dichten,

urwüchsigen Eichenwäldern überzogen. Im Norden der Insel Cres gab es Flaumeichen. Die Zone des südlichen Cres und der Insel Lošinj, wo es wärmer und trockener ist, war mit immergrünen Steineichen bewaldet. Doch dann griff der Mensch stark in die Natur ein. Die Venezianer benötigten Holz, um ihre Stadt auf Pfählen im Meer zu errichten und um Schiffe zu bauen. Auch die Bauern auf den Inseln taten ein Übriges: Sie brauchten Acker- und Weideland sowie Heizmaterial. Der größte Teil der Wälder wurde gerodet, oder es wurden den Wäldern über lange Zeiträume Bäume entnommen. Auf diese Weise konnte sich an Stelle dichter Wälder die „Macchia" ausbreiten – ein grüner Teppich aus einem schier undurchdringlichen Gestrüpp von Büschen wie Wacholder, Erdbeerbaum, Myrte oder Ginster.

Die Gewächse der Macchia sind sehr widerstandsfähig. Sie haben Eigenschaften entwickelt, die es ihnen ermöglichen, die starke Sonneneinstrahlung und Trockenheit während des Sommers zu überstehen. Da sich Blätter stets durch die Ausscheidung von Wasserdampf gegen Überhitzung schützen, bilden Macchia-Gewächse nur kleine Blätter aus. Auf diese Weise benötigen sie wenig Wasser. Viele Pflanzen der Macchia, wie etwa Lavendel oder Thymian, überziehen ihre Blätter anstatt mit Wasser mit ätherischen Ölen – die Macchia wird auf diese Weise zu einem duftenden Erlebnis.

Oben: Der Ginster blüht Ende Mai
Darunter: Nur vereinzelt wachsen Bäume oder Büsche auf den Steinweiden

An Stellen, wo der gesamte Wald und auch die Sträucher durch Mensch und Tier beseitig wurden, bestimmt die karge Felslandschaft das Bild. Regen und stürmischer Wind sorgten dafür, dass die Erde weggetragen wurde, geblieben ist nur kahler Boden.
Auf diesen kargen Steinweiden wachsen nur noch vereinzelt Büsche, wie etwa Wacholder. Überraschender Weise findet man aber auf diesen Steinweiden der Inseln Cres und Lošinj über 300 verschiedene Kräuterarten.

Das Meer und die Küste

Die Adria erreicht in den Gewässern der Inseln eine maximale Tiefe von 113 Metern. Dieser Punkt befindet sich im Kanal zwischen den Inseln Cres und Krk. Nach Süden und Westen, hin zu den Inseln Ilovik und Susak, ist das Meer seichter. Dort beträgt die Wassertiefe rund 50 Meter.

Von der Sonne und dem Meer ausgebleichte Felsen säumen die Inseln. Buchten mit groben Kieselsteinen oder feinem Kies verstecken sich in der Felslandschaft. Wehe dem, der sich Kilometer lange Sandstrände erwartet! Sandstrände wären zwar im Prinzip vorhanden, doch befördern Wind und Wellen den Sand aus ungeschützten Lagen weg ins Meer. Oft findet man daher in Ufernähe einen sandigen Meeresboden. Eine Ausnahme bildet die Insel Susak. Sie wartet mit Stränden aus feinem Sand auf. Aber gerade die Felsenküste macht den Reiz der Inseln aus. Grandios sind die Farben des Meeres: von hell- bis dunkelblau, smaragd- bis türkisgrün. Das Wasser ist glasklar. Beim Schnorcheln kann man wunderbar die Unterwasserwelt erkunden.

Die Adria unterliegt im Gebiet des Kvarner nur kleinen Schwankungen der Gezeiten. Der Unterschied zwischen Ebbe und Flut beträgt maximal 50 Zentimeter.

Die Bucht von Lubenice

Die Pflanzenwelt

Dank des milden mediterranen Klimas findet man auf den Inseln etwa 1.500 verschiedene Pflanzenarten vor. Unten findet ihr einige der typischen Pflanzen auf den Inseln abgebildet.

Erdbeerbaum

Olive

Myrte

Feige

Salbei

Wacholder

Rosmarin

Ginster

Die Tierwelt

Die dünne Besiedelung durch den Menschen sowie die äußerst geringfügige Umweltverschmutzung sind ideale Bedingungen für eine vielfältige Tierwelt auf den Inseln.

Der unumschränkte Herrscher der Lüfte auf der Insel Cres ist der **Gänsegeier**. Sein Revier sind die Berge und Hügel der Insel. Auf Cres leben etwa 50 Paare dieses seltenen Greifvogels. Gänsegeier können bis zu 50 Jahre alt werden. Mit einer Spannweite ihrer Flügel bis zu 2,80 Meter erreichen sie Fluggeschwindigkeiten von 120 km/h. Sie ernähren sich von Aas – hauptsächlich von verendeten Schafen, die im steilen und unwegsamen Gelände der Creser Weiden verunglücken.

In den dichten Steineichenwäldern im Süden der Insel Cres gibt es Damwild. Wer auf dem Camping-Platz in Punta Križa seine Ferien verbringt, der macht sicherlich Bekanntschaft mit Hirschen und Rehen, die hier angesiedelt wurden. Also nicht erschrecken, wenn ein Reh oder ein Hirsch vor eurem Zelt auftaucht! Sie sind nicht aggressiv, aber fürchterlich neugierig.

Die Pflanzenvielfalt der Inseln bietet Lebensraum für eine Fülle von Insekten. Lustig anzusehen ist der **Nashornkäfer**.

Eidechsen, die sich in der Sonne aalen, begegnet ihr auf Schritt und Tritt. Augen auf, vielleicht endeckt ihr eine **Smaragadeidechse**, eine der schönsten Eidechsenart Europas. Sie wird bis zu einem halben Meter lang, wobei der Schwanz zwei Drittel der Körperlänge ausmacht. Ihr grüngelber Körper leuchtet im Sonnenlicht, blau schillert der Hals.

Einzigartig sind auch die **Delfine:** Die fischreichen und noch immer sauberen Gewässer der Inseln sind Lebensraum für etwa 150 Delfine. Wenn ihr Glück habt, entdeckt ihr während eures Aufenthaltes einige dieser eindrucksvollen Meeressäuger, die sich elegant durch das Meer bewegen. Erwachsene Delfine verdrücken übrigens 5-6 Kilo Fisch pro Tag. Das Meer des Kvarner bietet ihnen noch immer genung Nahrung.

Schwimmern, Tauchern, Schnorchlern und Surfern bietet sich bisweilen der anfangs eher Furcht einflößende Anblick einer riesigen **Meeresschildkröte.** Aber keine Sorge, sie ist scheu und harmlos!

In den flachen Gewässern in Punta Križa fischt der scheue **Silberreiher.**

Die zahlreichsten Vögel an der Meeresküste sind die **Möwen.** Möwe heißt auf Kroatisch „Galeb".

In Kroatien

Der Cres-Lošinjer-Archipel ist Teil der Republik *(s. Begriffserklärungen)* Kroatien und gehört zur Primorsko-goranska županja (Küste-Berge-Region). Diese umfasst die Kvarner Inseln wie auch eine Gebirgsregion auf dem Festland, die sich nördlich und östlich der Stadt Rijeka hinzieht. Rijeka ist die Hauptstadt der Region und zählt etwa 200.000 Einwohner.

Die Geschichte der Republik Kroatien

Die Republik Kroatien gibt es offiziell erst seit dem Jahr 1991, als Kroatien aus dem Staatsgebilde Jugoslawiens austrat und seine Unabhängigkeit und Eigenständigkeit als Staat erklärte. Von 1946-1991 hatte es zur Republik Jugoslawien gehört („Jugoslawien" bedeutet übersetzt etwa *Land der Südslawen*).
Dieses Jugoslawien entstand unter dem berühmten Partisanenkämpfer Josip Broz Tito, der selbst aus Kroatien stammte. Er hatte im Zweiten Weltkrieg (1939-1945) mit seinem Partisanenheer (Partisan, *s. Begriffserklärungen*) erfolgreich gegen deutsche Truppen gekämpft, die im Jahr 1941 in Jugoslawien einmarschiert waren und das Land in einem eisernen Würgegriff hielten. Tito wurde nach dem Ende des Zweiten Weltkrieges, aus dem Deutschland als Verlierer hervorging, zum Staatsoberhaupt des Staates Jugoslawien, in dem sich verschiedene Republiken auf der Balkanhalbinsel zu einem Verbund zusammenschlossen: Bosnien-Herzegowina, Kroatien, Makedonien, Montenegro, Serbien, Slowenien, der Kosovo und die Wojwodina.
Tito gelang es, die unterschiedlichen Völker und Religionen, die in diesem Staat lebten, zu einer Einheit zu verschmelzen. Katholische und serbisch-orthodoxe Christen, Muslime, Juden und auch Menschen, die nicht an die Existenz Gottes glaubten, fanden Platz unter dem gemeinsamen Dach Jugoslawien, dessen Völker und Regionen jeweils eine eigene Geschichte erlebt hatten. Man sprach vom „Vielvölkerstaat Jugoslawien", dem im Ausland große Hochachtung ent-

gegengebracht wurde. Jugoslawien setzte sich zum Ziel, die unterschiedlichen Bräuche, Gepflogenheiten und Wertvorstellungen seiner Bewohner in einem friedlichen und toleranten Miteinander zu vereinen. Hauptstadt der Republik Jugoslawien war die serbische Millionenstadt Belgrad.

Doch als der große Staatsmann Tito im Jahr 1980 starb, geriet Jugoslawien ins Wanken. Große wirtschaftliche Schwierigkeiten drängten, und es entbrannte ein Kampf um das Erbe Titos. Wer sollte künftig die politische Macht in Händen halten, wie sollte sie verteilt sein? Die einzelnen Republiken versuchten unnachgiebig, ihre eigenen Interessen durchzusetzen. Im Jahr 1990 scherte die Republik Slowenien, der nördliche Nachbar Kroatiens, aus dem Verbund aus. Doch damit wollten sich die Machthaber in der Hauptstadt Belgrad nicht abfinden und bekämpften den Zerfall Jugoslawiens mit Waffen. Aber das ursprüngliche Jugoslawien hatte bereits aufgehört zu bestehen. Nur noch serbische Politiker und Generäle bestimmten über die Politik und die militärischen Aktionen Jugoslawiens.

Der Krieg um die Unabhängigkeit

Die Belgrader Generäle entsandten Panzer nach Slowenien, auf slowenische Ziele wurden Flugzeugangriffe geflogen und Raketen abgefeuert. Noch heftiger war die Reaktion gegen Kroatien, das ebenfalls nach Unabhängigkeit strebte. 1990 entbrannte ein erbarmungslos geführter Krieg, in dem sich Kroatien Unabhängigkeit und Eigenständigkeit erkämpfte. Viele Ortschaften Kroatiens wurden von der jugoslawischen Armee angegriffen und ganz oder teilweise zerstört. Am schlimmsten traf es die östliche Region Slawonien, das an Serbien grenzt. Aber auch in den Städten an der Küste, wie Zadar oder Dubrovnik, die bombardiert und beschossen wurden, richtete der Krieg enormen Schaden an.

Damit nicht genug. Das Gemetzel um die Unabhängigkeit der Staaten ging weiter: Makedonien, Bosnien-Herzegowina und der Kosovo sind Republiken, die

ebenfalls einen blutigen und opfervollen Krieg gegen das Rumpfgebilde Jugoslawien fochten, das heute nur noch aus Serbien, Montenegro und der Wojwodina besteht – allesamt Regionen, in denen das serbische Volk beheimatet ist. Das Ende dieses Krieges um den Zerfall Jugoslawiens konnte erst mit Eingreifen von Truppen der VEREINTEN NATIONEN und der NATO erreicht werden.

Der Krieg zwischen Kroatien und Jugoslawien endete 1995. Franjo Tuđman wurde der erste Staatspräsident der neuen Republik Kroatien. Doch wie viel Trauer war mit der Freude über die gewonnene Eigenständigkeit verbunden! Hunderttausende Tote waren zu beklagen.
Dieser Krieg war letztlich auf eine Auseinandersetzung zwischen Kroaten und Serben hinausgelaufen. Doch diese hatten 40 Jahre in einem gemeinsamen Staat zusammengelebt. Kroatische Frauen hatten serbische Männer, oder umgekehrt, serbische Frauen hatten kroatische Männer geheiratet. Viele Ehen und Familien zerbrachen. In diesem Krieg zwischen den beiden Völkern, konnte sich kaum jemand dem Druck entziehen, Partei für sein eigenes Volk zu ergreifen.

Die Völkerwanderung
Turbulent und schwierig war die Geschichte des kroatischen Volkes von Anfang an. Kroatische Stämme ließen sich, aus Nordosten kommend, im 6./7. Jahrhundert nach Christus während der so genannten Völkerwanderung in jenen Regionen nieder, die auch zum heutigen Kroatien gehören. Sie siedelten in einem Gebiet, dessen Ostgrenze der Fluss Drau bildete und das bis zur Adriaküste reichte. Es umfasste auch die vorgelagerten Inseln – von Istrien über Dalmatien bis südlich der Stadt Dubrovnik, wo Kroatien an Montenegro grenzt. Schnell übernahmen die Kroaten den christlichen Glauben.

Schon früher haben die Kroaten versucht, einen eigenen Staat für ihre Nation zu gründen. Zwar gelang es ihnen mehrmals, doch den verschiedenen Vorhaben in der Vergangenheit war keine Dauerhaftigkeit beschieden. Zu viele Großmächte konkurrierten um die Herrschaft über die kroatischen Gebiete in der Adria und an der Küste; und allzu umkämpft war auch das Binnenland, in dem die Türken über viele Jahrhunderte Eroberungsfeldzüge durchführten.

Das erste Kroatien

Die Kroaten erlangten ihre Unabhängigkeit zum ersten Mal unter dem Fürsten Branimir gegen Ende des 9. Jahrhunderts. Fürst Tomislav gründete schließlich im Jahre 925 das erste Königreich Kroatien. Sein Einflussgebiet umfasste in etwa das heutige Kroatien sowie Bosnien und reichte bis zum Norden Albaniens. Doch dieses Königreich konnte dem Aufstieg Venedigs zu einem übermächtigen Herrscher nicht widerstehen. Im Jahr 1000 startete Venedig seine ersten Eroberungsfeldzüge und verleibte sich erste kroatische Küsten- und Inselstädte ein.

Bis ins späte 18. Jahrhundert, als der französische General Napoelon Venedigs Untergang besiegelte, standen viele Städte an der Adriaküste und wichtige Adriainseln unter der Herrschaft Venedigs, das sich selbst als „Serenissima", „die Heitere", bezeichnete.

Der ungarisch-kroatische König verkauft Teile Kroatiens an Venedig

Der Zankpafel Kroatien
Aber auch das übrige Kroatien konnte seine Eigenständigkeit nicht aufrecht erhalten. Im Jahr 1102 übertrugen kroatische Fürsten dem Ungarnkönig Koloman die kroatische Krone. Ungarn bestimmte nun im wesentlichen über die Geschicke Kroatiens. Der ungarisch-kroatisch König Ladislaus war es schließlich auch, der einen Teil Kroatiens – die dalmatinische Küste und auch die Inseln Cres und Lošinj – im Jahr 1409 für 100.000 Golddukaten an Venedig verkaufte.

Das kroatische Volk litt unter der Zerrissenheit seines Stammesgebietes. Die Venezianer beherrschten die Küste sowie die Inseln. Das Binnenland gehörte zum Königreich Ungarn. Ab dem 16. Jahrhundert rückten türkische Truppen vor und verzeichneten große Gebietsgewinne im Binnenland wie auch an der Küste Kroatiens. Große Teile des Landes fielen damit an das so genannte Osmanische Reich (*s. Begriffserklärungen*). Den türkischen Eroberern gelang es jedoch nie, die Hauptstadt Zagreb in Besitz zu nehmen.

Kroatien als Teil Jugoslawiens
Nach dem Ersten Weltkrieg (1914-1918) bildete Kroatien mit Slowenien und Serbien das Königreich Serbien. Politische Befugnisse und Eigenständigkeiten wurden dem kroatischen Volk unter dem serbischen Zepter jedoch nicht zugestanden. Das Königreich Serbien fand sein Ende mit dem Einmarsch der deutschen Truppen 1941. Der König von Serbien floh ins Exil nach London. Deutschland, in dem Adolf Hitler und seine Partei, die NSDAP (*s. Begriffserklärungen*), regierten und die Deutschland in einen Weltkrieg gestürzt hatten, duldete einen eigenen kroatischen Staat, der allerdings wesentlich kleiner als der heutige war. An der Spitze der Regierung stand der berüchtigte Ante Pavelić. Diese Regierung ging mit aller Brutalität gegen jeden vor, der nicht kroatischen und katholischen Ursprungs war. Verfolgt wurden Juden, Serben, Muslime und auch politisch Andersdenkende. Als die deutschen Truppen in Jugoslawien von den Partisanen geschlagen waren, wurde Kroatien ein Teil Jugoslawiens, dem Tito als Staatspräsident vorstand.

Kroatien im Überblick

Einwohner:
Das Land Kroatien zählt etwa 4,4 Millionen Einwohner.

Hauptstadt:
Die Hauptstadt Kroatiens ist Zagreb mit mehr als einer Million Einwohner.

Bevölkerung und Religion:
Die Kroaten stellen den Großteil der Bevölkerung. Sie bekennen sich überwiegend zum römisch-katholischen Glauben. Daneben leben aber auch Angehörige anderer Völker in Kroatien, wie etwa Serben, Bosnier, Slowenen und Italiener. Vor dem Krieg Kroatiens mit Jugoslawien waren die Serben nach den Kroaten die größte Volksgruppe im Land. Viele Serben haben Kroatien in Folge des Krieges verlassen. Manche haben die kroatische Staatsbürgerschaft angenommen. Die serbische Volksgruppe stellt inzwischen nur noch eine kleine Minderheit dar. Die Serben gehören meist dem christlich-orthodoxen Glauben an. Daneben gibt es Muslime, die ursprünglich aus Bosnien, Makedonien oder dem Kosovo stammten. In Kroatien leben auch Italiener, die zumeist auf der istrischen Halbinsel beheimatet sind.

Die kroatische Flagge:
Auf der quergestreiften rot-weiß-blauen Flagge befindet sich ein Feld mit rotweißem Schachbrettmuster. Über diesem ist eine gezackte Krone zu sehen, in der fünf Wappen abgebildet sind:
Das Zeichen mit Sonne und Mond ist das älteste Wappen Kroatiens. Die Flagge mit den beiden roten Balken gehörte der einstigen Republik von Dubrovnik, jener berühmten Stadt in Süddalmatien. Drei gekrönte Leopardenköpfe bilden das Wappen Dalmatiens. Die Ziege steht für die Region der Halbinsel Istrien und die Sonne mit dem Marder darunter für Slawonien, die östlichste Region Kroatiens.

Währung:
Kuna. „Kuna" heißt übersetzt Marder. 1 Kuna = 100 Lipa. Marderfelle waren das erste offizielle Zahlungsmittel der Kroaten. Im Jahr 1018 verpflichteten sich die Städte auf der Insel Cres, eine jährliche Abgabe an Venedig in Marderfellen zu bezahlen.

Politik:
Kroatien ist eine Republik *(s. Begriffserklärungen)*, an deren Spitze ein Staatspräsident steht.

Die kroatische Sprache:

Die offizielle Sprache des Landes ist Kroatisch, eine slawische Sprache, wie das Serbische, Bulgarische oder das Russische. Im Gegensatz zu diesen Sprachen mit kyrillischem Alphabet wird Kroatisch mit dem lateinischen Alphabet geschrieben.

Die Aussprache:

c – gesprochen: ts, wie in Zahn
z – stimmhaftes s
ž – stimmhaftes sch
š – gesprochen: sch, wie in Mensch
č – gesprochen: tsch, wie in Quatsch, (runder Mund)
ć – gesprochen: tsch, wie č, (breiter Mund)
h – fast wie deutsches ch, aber abgeschwächt
v – gesprochen: w, wie in Wein
đ – gesprochen: dsch

Kleines Sprachlexikon

Guten Morgen	*dobro jutro*
Guten Tag, grüß Gott	*dobar dan*
Guten Abend	*dobar večer*
Gute Nacht	*laku noć*
Auf Wiedersehen	*doviđenja*
Bitte	*molim*
Danke	*hvala*

Im Restaurant/in der Eisdiele:

Ein Glas...	*jednu čašu*
Mineralwasser	*mineralna voda*
Cola	*kola*
Saft	*sok*
Fruchtsaft	*gusti sok*
Tee	*čaj*
groß	*veliki*
klein	*mali*
Fisch	*riba*
Fleisch	*meso*
Pommes frittes	*pomfri*
Kartoffeln	*krumpiri*
Salat	*salata*
Tomaten	*rajčice*

Ketchup	*kečap*
Eiscreme	*sladoled*
Erdbeere	*jagoda*
Apfel	*jabuka*
Blaubeere	*borovnica*
Aprikose	*marelica*
Birne	*kruška*
Restaurant	*restoran*
Gastwirtschaft	*gostionica*
Pizzeria	*pizzeria*
eins	*jedan*
zwei	*dva*
drei	*tri*
vier	*četiri*
fünf	*pet*
sechs	*šest*
sieben	*sedam*
acht	*osam*
neun	*devet*
zehn	*deset*
zwanzig	*dvadeset*
dreißig	*trideset*
hundert	*sto*

Baden/Schwimmen/Unterwegs

Meer	*more*
Strand	*plaža*
Hügel	*planine*
schwimmen	*plivati*
baden	*kupati*
Handtuch	*ručnik*
tauchen	*roniti*
Taucherbrille	*maska*
Boot	*čamac*
Bucht	*uvala*
Wellen	*valovi*
Sonne	*sunce*
Schatten	*sjena*
Sonnenschirm	*suncobran*

Wie heißt du?	*Kako se zoveš?*
Wo ist die Kirche?	*Gdje je crkva?*
Wo ist das Museum?	*Gdje je muzej?*
Wohin führt dieser Weg?	*Kamo vodi ovaj put?*

Ankunft auf den Inseln

„Einer, zwei, drei, und ein vierter..., unglaublich! Pollina komm schnell hierher – Delfine steuerbord!" Pollino war ganz außer sich. Noch nie zuvor hatte er Delfine in der freien Natur gesehen. Doch keine fünfzig Meter entfernt vom Schiff entdeckte er eine kleine Gruppe von Delfinen. Nicht nur seine Schwester und seine Eltern eilten herbei. Die Passagiere der Autofähre, die das Festland mit den Inseln Cres und Lošinj verbindet, drängten sich an der Reling. Gebannt blickten sie auf die Meeresoberfläche. Da waren die Rücken der Delfine wieder. Sie tauchten auf und wieder weg.

Obwohl Pollina im Fernsehen einen Bericht über die etwa 150 Delfine, die um diese Inseln herum leben, gesehen hatte, war sie verblüfft: An dieser Stelle hatte sie keine erwartet. „So nah am Festland – das Meer muss sogar hier sehr fischreich sein, schließlich fressen ausgewachsene Delfine so an die fünf Kilo Fisch pro Tag", murmelte Pollina vor sich hin. Sie war ganz in dieses Schauspiel versunken. Die Delfine glänzten silbern im tiefblauen Meer. Im Süden zeichnete sich die Insel Lošinj als kleiner bläulicher Bergkegel ab. Jetzt schwammen die Delfine fast neben dem Schiff her. „Man meint, sie würden uns hier willkommen heißen!", freute sich Pollina. Ihr Bauchkribbeln, das sie auf Fähren stets begleitet, war wie weggeblasen.

Schnell kamen die Felsen und Bäume der Insel Cres näher. Und auch die Anlegestelle. Da hörte sie schon die Stimme ihres Vaters: „Schade, Kinder, aber es ist Zeit, wir müssen zum Auto, gleich legen wir an." Wie schnell waren die 25 Minuten auf der Fähre vorübergegangen!

Länger ließ sich die Autofahrt zum Dorf an, in dem die Familie ihren Sommerurlaub verbringen würde. Doch die beiden Kinder genossen die ungewöhnlichen und abwechslungsreichen Ausblicke. Zunächst war die Insel gebirgig, Steine und Felsen bestimmten das Bild. Bald schon führte die enge Straße durch schattige grüne Eichenwälder. Weiter ging's an schroffen Berghängen entlang. Unten lag das tiefblaue Meer. Im Westen war sogar die Südspitze Istriens zu erkennen.

„Da, über uns – vier Vögel mit einer riesigen Spannweite! Seht ihr sie? Sie kreisen über dem Berggipfel", rief Pollino aufgeregt. Glücklicherweise fand sein Vater einen geeigneten Platz neben der Straße, um den Wagen anzuhalten. Mit dem Fernglas ließ sich der Flug der einzigartigen Gänsegeier mit ihrem gefächerten Gefieder beobachten. Lautlos schwebten sie durch die Lüfte. Ein beeindruckendes Schauspiel!

Steinmauern durchziehen die Insel Cres

Weiter ging die Fahrt. Wenige Minuten später tat sich der Blick nach Osten auf. Das Küstengebirge ragte hoch aus dem Meer. Davor sah man die Insel Krk, und weiter im Süden die Inseln Rab und Pag. Bald schon war die Stadt Cres (das spricht man „Tsres" aus) erreicht. Hier in diesem Tal wuchsen Olivenbäume und Feigen. Die Straße führte nun wieder bergauf. Pollino betrachtetet die Landschaft sehr genau. Am beeindruckendsten fand er die vielen Steinmauern, mit denen die Inseln überzogen sind. „Wer hat nur diese unendlich langen Steinmauern aufgeschichtet. Warum so viel Mühe?", fragte Pollino seine Schwester. „Wenn du genau hinschaust, dann wirst du den Sinn dieser

Mauern erkennen", antwortete Pollina knapp. Ihr machten die vielen Kurven und die Unebenheiten der Straße etwas zu schaffen. Wie gerufen kam die kleine Pause, die sie jetzt einlegten, um frische Luft zu schnappen. Sie stieg aus dem Wagen und fuhr fort zu erzählen: „Einst waren die Inseln voller Wälder. Doch dann kamen die Venezianer. Sie brauchten Holz, um ihre Stadt und Schiffe zu bauen und rodeten die Wälder. Doch ohne die Wurzeln der Bäume trugen Wind und Regen die vorhandene fruchtbare Erde fort. Daher errichteten die Bewohner der Inseln über Jahrhunderte diese so genannten 'Trockenmauern'. Zwischen diesen Mauern sind Erde und Pflanzen geschützt. Trockenmauern heißen sie deshalb, weil kein Mörtel benutzt wurde, die Steine liegen einfach aufeinander. Das erforderte nicht nur viel Arbeit, sondern auch Kunstfertigkeit – sie sind nämlich sehr stabil gebaut."

„Woher hast du denn diese vielen Informationen"?, fragte Pollino neugierig zurück. „Auch ich würde gerne etwas mehr wissen über die Geschichte der Inseln und ihre Bewohner. Hast du einen Tipp für mich?" „Klar, hier unser Reiseführer, da findest du sicher, was du suchst." Pollina drückte ihrem Bruder den Reiseführer in die Hand. Während der Weiterfahrt las er darin.

Blick von der Insel Cres – das Velebit-Gebirge an der Küste ist im Hintergurnd zu sehen

Die Geschichte der Inseln

Die Besiedelung der Inseln begann noch viele Jahre, bevor der Wasserspiegel der Adria anstieg und Cres und Lošinj überhaupt zu Inseln werden ließ. Neandertaler haben sich in diesem Gebiet wahrscheinlich schon 35.000 Jahre vor Christus niedergelassen. Zu jener Zeit war das Gebiet sehr waldreich, sodass für genügend Nahrung gesorgt war. Die Menschen jagten Wild, Rehe, Hirsche und Bären und lebten in Höhlen oder Grotten, wo man auch ihre Spuren fand: steinerne Speerspitzen und Instrumente aus Knochen, die zur Lederherstellung dienten. Die ältesten Zeugnisse stammen aus dem 8. Jahrtausend vor Christus.

Um das Jahr 1250 besiedelten verschiedene Stämme aus dem Volk der Illyrer die Ostküste der Adria, die man damals Illyrisches Meer nannte: Dalmater, Istrier und Liburner. Die Liburner ließen sich auf dem Archipel Cres-Lošinj, aber auch auf anderen Adriainseln und an weiten Teilen der Küste nieder. Auf Hügeln und Felsen errichteten sie Wallburgen, um sich gegen

Angriffe von Feinden zu wappnen. Auf der Inselgruppe Cres-Lošinj wurden bisher 66 Ruinen solcher Zufluchtsburgen der Liburner gefunden! Im Westen der Insel Cres, auf dem Felsplateau hoch über dem Meer, wo heute das malerische Dorf Lubenice liegt, hatten die Liburner eine ihrer Wallburgen gebaut. Aber auch am Meer siedelten die tüchtigen Seefahrer. So geht etwa die Gründung der Stadt Osor auf die Liburner zurück.

Oben: Das Dorf Lubenice. An dieser Stelle hatten die Liburner eine Wallburg als Winterquartier errichtet

Im zweiten Jahrhundert vor Christus unterwarfen die Römer die Adria-Inseln wie auch die Ostküste der Adria und gliederten diese Gebiete in das Römische Reich (s. *Begriffserklärungen*) ein. Erbitterte Kriege gegen die Illyrischen Stämme waren geführt worden.
Besonders gefürchtet bei den Römern waren die Liburner mit ihren schnellen und wendigen Booten. Rom ging nur mit größten Mühen als Sieger aus diesen Auseinandersetzungen hervor. Die illyrische Bevölkerung übernahm in der Folgezeit die lateinische Sprache und auch römische Sitten. Die Römer gründeten die Stadt Cres. Osor übernahm wegen der günstigen Lage seines Hafens die führende Rolle auf den Inseln.

Links: Eine römische Liburne

Die *Adria* heißt auf Kroatisch *Jadran* oder *Jadransko More*. Dieses Meer wurde nach der antiken Stadt *Adria* benannt, die sich am Unterlauf des italienischen Flusses Po befindet. Der Po mündet in die Obere Adria.

Die Insel Lošinj war in der Antike fast unbewohnt. Sie wurde von den Osorer Bürgern in erster Linie als Ackerland genutzt. Einige reiche römische Bürger errichteten sich an der reizvollen Küste der Insel prunkvolle Landvillen.

Nach dem Zerfall des Römischen Reiches wurde Osor zum Bischofssitz und blieb damit die wichtigste Stadt. Schon bald gehörten die Inseln zum Oströmischen Reich, das von Byzanz (Istanbul) aus regiert wurde. (Byzantinisches Reich, *s. Begriffserklärungen*)

Osor war im Altertum eine große und reiche Stadt

Die Einwanderung der Kroaten

Im 7. Jahrhundert erreichten die ersten Kroaten die Insel Cres. Sie ließen sich im Hinterland der Städte und in den Dörfern nieder und betrieben Landwirtschaft und Viehzucht.
Ab dem 9. Jahrhundert stellten die Kroaten den größten Bevölkerungsanteil auf der Insel Cres. Im 10. Jahrhundert übernahm Kroatien unter Führung des Königs Tomislav die Herrschaft auf den Inseln.

Der Markuslöwe

Venedigs Herrschaft beginnt

Doch diese kroatische Herrschaft sollte nur wenige Jahre dauern. Venedig befand sich im Aufbruch, um zur beherrschenden Macht in der Adria zu werden. Der Doge Pietro Orseolo II., der höchste Fürst Venedigs persönlich, befehligte im Jahr 1000 eine schlagkräftige Flotte. Er führte sie von Istrien bis Dalmatien und nahm wichtige Städte für Venedig in Besitz. Am 9. Mai des Jahres 1000 lief die venezianische Flotte in die Bucht der Stadt Cres ein. Die Bevölkerung ergab sich kampflos und leistete einen Treueschwur auf Venedig. Im Jahr 1018 wurden die Städte Cres und Osor zu einer jährlichen Abgabe von 40 Marderfellen

an Venedig verpflichet. Das Marderfell war damit zum ersten offiziellen Zahlungsmittel der Kroaten geworden.

Doch den Venezianern wurde die Herrschaft über die Inseln noch streitig gemacht: Byzanz sowie das Königreich Kroatien, aus dem später das Ungarisch-Kroatische Königreich wurde, bekämpften Venedig und drängten es immer wieder zurück. Unter kroatischer oder ungarisch-kroatischer Herrschaft regierten in den Städten Osor und Cres einheimische Patrizier *(s. Begriffserklärungen)*. Beli und Lubenice waren als selbstständige Städte anerkannt.

Die Glagolitische Schrift – ein friedliches Miteinander

Zu jener Zeit, als sich Byzanz, Ungarn-Kroatien und Venedig um die Vorherrschaft in Cres und Osor stritten, lebten die unterschiedlichen Völker auf den Inseln friedlich zusammen: Hier gab es Kroaten sowie die Nachkommen von Illyrern und Römern. Jede Volksgruppe besaß ihre eigene Sprache, eigene Sitten und Bräuche.
Bestes Beispiel für das friedvolle Miteinander der Völker ist die so genannte „Platte von Valun", einem kleinen, romantischen Fischerdorf süd-westlich der Stadt Cres. Bei dieser „Platte von Valun" handelt es sich um eine Grabplatte aus dem 11. Jahrhundert mit einer Inschrift, die besagt, dass in diesem Grab drei Generationen einer Familie bestattet wurden: die Großmutter Teha, der Sohn Bratona und der Enkel Juna. Eingemeißelt wurde der Text in zwei Sprachen: auf Lateinisch für die illyrisch-römische Bevölkerung und auf Kroatisch, das in glagolitischer Schrift abgefasst wurde. *Glagolitisch* ist eine uralte Schrift. Erfunden wurde sie während der Epoche, als die Kroaten und auch andere slawische Völker im 9. Jahrhundert zu Christen bekehrt wurden. Um dies zu erreichen, wurde die Bibel in die slawischen Sprachen übersetzt. Doch diese Sprachen besaßen bestimmte Laute, die mit lateinischen oder griechischen Buchstaben nicht zu schreiben waren. Daher hat der berühmte Mönch Kyrill, der aus der griechischen Stadt Saloniki stammte, die Gla-

Das sind die Buchstaben des glagolitischen Alphabets

golitische Schrift für das Kroatische erfunden. Kyrill schuf auch die nach ihm benannte kyrillische Schrift, die andere slawische Völker verwenden. An der kroatischen Küste und auf den Inseln wurde eine Vielzahl von Steinplatten mit glagolitischen Inschriften entdeckt.

Venedig regiert über Jahrhunderte

Venedig gewann letztlich die Oberhand. Endgültig nahmen die Venezianer die Inseln im Jahr 1409 in Besitz, als der damalige ungarisch-kroatische König große Teile der südlichen Küste und auch die Inseln Cres und Lošinj an Venedig für 100.000 Golddukaten verkaufte. Die Venezianer setzten sogleich einen Verwalter der Inseln ein, den so genannten *Conte e Capitano* – den „Fürsten und Kapitän", der die Inseln und ihre Städte nun im Namen Venedigs regierte.
Cres und Osor waren zu dieser Zeit die reichsten und größten Städte der Inseln. Sie wurden von den Venezianern daher zu den Verwaltungszentren bestimmt.
Die Venezianer bezeichneten damals übrigens die Inseln Cres und Lošinj nach den beiden Städten: „Die Inseln von Cres und Osor". Diese wurden nun zum Fürstentum erklärt. Bereits im Jahr 1441 erließen die Venezianer das „Statut von Cres und Osor", eine Gesetzessammlung, die die Rechte und Pflichten des Cres-Osorer Fürstentums gegenüber Venedig genauestens festlegte (mehr darüber erfahrt im Rundgang durch die Stadt Cres). 1495 lösten die Venezianer die Selbständigkeit der Städte Lubenice und Beli auf und unterstellten sie der Stadt Cres.
Eigentlich war Osor die Bischofsstadt und auch der Wohnsitz des *Conte e Capitano*. Doch in Osor wüteten Epidemien, die Pest und die Malaria. Sowohl der

Die berühmte Platte von Valun

Bischof als auch der venezianische Fürst verließen den Ort und zogen nach Cres, das damit zur mächtigsten Stadt der Insel aufstieg. Osor blieb dennoch die offizielle Bischofsstadt, und auch der *Conte e Capitano* leitete weiterhin die Versammlungen der Osorer Patrizier. Doch die Zahl der Einwohner Osors nahm immer mehr ab, die Stadt begann auszusterben. Trotzdem verloren die Osorer Patrizier nur wenig an Reichtum. Denn die aufstrebende „Insel von Osor", wie das spätere Lošinj genannt wurde, war ihrer Macht unterworfen.

Der heutige Hafen von Mali Lošinj

Die Insel Lošinj rückt in den Mittelpunkt

Etwa gegen Ende des 13. Jahrhunderts ließen sich die ersten kroatischen Siedler im Süddteil der Insel Lošinj nieder und gründeten das Dorf Veli Lošinj. Etwa zeitgleich entstand Mali Lošinj.
Die Osorer nannten die neuen Siedlungen „Lussiner Dörfer". Doch noch etliche Jahrhunderte sollte es dauern, bis die „Insel von Osor" den italienischen Namen „Lussini" erhielt: Auf Kroatisch: Lošinj.
Als die „Lussiner Dörfer" ab dem Ende des 15. Jahrhunderts an Reichtum gewannen, wurden sie von der Regierung Venedigs der Stadt Osor zugeteilt. Die Lussiner mussten den Osorern nun Abgaben zahlen. Über Jahrhunderte war das Verhältnis zwischen Osorern auf der einen und den Einwohnern Lussinis auf der anderen Seite von Zank, Missgunst und Übervor-

teilung geprägt. Die Osorer Patrizier schikanierten die Lussiner Bevölkerung, wo sie nur konnten (Patrizier, *s. Begriffserklärungen*): Ob für Fischfang, Hausbau oder sogar die Instandhaltung der kleinen Häfen – die Lussiner mussten den Osorer Gemeinderat um seine Erlaubnis bitten, wobei sie für jede Antragsstellung Gebühren zu entrichten hatten.

Zunächst hatten die Einwohner von Mali und Veli Lošinj hauptsächlich Landwirtschaft betrieben. Aber der Boden war karg und warf keine großen Erträge ab. Daher wandten sich die Bewohner ab dem 17. Jahrhundert dem Meer zu. Sie wurden zu Fischern oder heuerten als Seeleute auf venezianischen Schiffen an. Mali und Veli Lošinj entwickelten sich in der zweiten Hälfte des 18. Jahrhunderts zu wichtigen Seehäfen. In Veli Lošinj waren berühmte Kapitäne beheimatet, die unter venezianischer Flagge segelten und die ihre Stadt reich beschenkten.
Aber auch der Seehandel der Lussiner wurde wirtschaftlich immer erfolgreicher. Obwohl die venezianische Regierung ihren Untertanen Seehandel nur in begrenztem Maße erlaubte – dieser sollte den venezianischen Händlern vorbehalten bleiben –, gelang es den Lussinern, eine kleine Handelsflotte aufzubauen. Sie transportierte Holz, Wein und Vieh von der Küste des kroatischen Festlands nach Venedig.

Osor hatte nur einen Bruchteil der Einwohner von Mali und Veli Lošinj, doch mussten die Lošinjer noch immer sämtliche Verwaltungsangelegenheiten in Osor

Eine Ansicht von Osor aus dem 18. Jahrhundert

erledigen. Die erforderlichen Schiffspapiere für die Fahrten der Handelsschiffe mussten dort abgeholt werden, ja selbst die Lošinjer Fischer mussten ihren Fang erst einmal dorthin bringen, damit sich die reichen Osorer Herren die besten Exemplare für sich aussuchen konnten.

Die fast 400 Jahre Vorherrschaft der Venezianer auf den Inseln endete mit dem Fall Venedigs im Jahr 1797, als die Truppen des französischen Generals Napoleon Bonaparte die Stadt Venedig einnahmen. Venedig kapitulierte und verlor all seine Besitzungen, darunter auch die Inseln Cres und Lošinj. Wenig später landeten französische Truppen auf den Inseln, wo sie von der Bevölkerung jubelnd begrüßt wurden.

Unter französischer Herrschaft wurden Mali und Veli Lošinj zu selbstständigen Städten erklärt. In der Folge entwickelten sie sich zu den bedeutenden Wirtschaftszentren der Inseln. Die Bevölkerung der beiden Orte wuchs schnell. Zählten sie Anfang des 17. Jahrhunderts lediglich 700, so waren es 1806 bereits 5.500 Einwohner. Die Franzosen entschieden auch die Auseinandersetzungen der Lošinjer Einwohner mit den Osorer Patriziern. Den Patriziern wurden sämtliche Rechte entzogen. Veli und Mali Lošinj erhielten ihre Selbständigkeit. Diese Entscheidung versetzte der Stadt Osor den Todesstoß. Osor zählte nur mehr wenige Einwohner, die allein von den Abgaben der ihnen unterstehenden Dörfer und Städte gelebt hatten.

Die Inseln gehören zum österreichischen Kaiserhaus

Zwischen Frankreich und England brach Krieg aus. Immer wieder kam es auch in den Gewässern vor den Inseln zu Gefechten zwischen Franzosen und Engländern. Englische Schiffe blockierten die Zufahrt zu den Häfen und besetzten die Insel Lošinj für fast zwei Jahre. Napoleon musste die Inseln schließlich im Jahr 1815 an das österreichische Kaiserhaus Habsburg abtreten. Es folgte eine Zeit der wirtschaftlichen Blüte. Cres entwickelte sich zu einem Zentrum der Landwirtschaft. In der Hauptsache wurden Wein und Oliven angebaut. In Veli, vor allem aber in Mali Lošinj entstanden große Schiffswerften. Die Lošinjer hatten sich auf den Bau von Großseglern spezialisiert. Aber deren Zeit ging schon bald wieder zu Ende. Sie wurden von den Dampfschiffen verdrängt. Schon 1895 wurde in den Werften Mali Lošinjs kein einziges großes Schiff mehr gebaut. Und auch das Wirtschaftsleben der Insel Cres lag danieder. Die Creser Weinberge waren von Pflanzenschädlingen vernichtet worden. Vielen Inselbewohnern war ihrer Lebensgrundlage entzogen, und so setzte Ende des 19. Jahrhunderts eine starke Auswanderungswelle ein. Vor allem in Amerika wollten die Menschen ihr Glück neu versuchen.

Die Schiffswerften in Mali Lošinj stellten Großsegler her

Italienische Machthaber

Für Mali und Veli Lošinj tat sich zu dieser Zeit ein neuer Wirtschaftszweig auf: der Tourismus. Die ersten Badeanstalten und luxuriösen Hotels in Mali Lošinj entstanden noch vor der Jahrhundertwende. Der Erste Weltkrieg (1914-1918) unterbrach jedoch jede wirtschaftliche Entwicklung. 1920 wurden die Inseln Cres und Lošinj Italien zugesprochen. Die Italiener regierten streng und unerbittlich. So erklärten sie beispielsweise Italienisch zur Amtssprache. Und in den Schulen war Italienisch zur einzigen Unterrichtssprache bestimmt worden. Kroatisch durften die Kinder nur zuhause sprechen. 1943, während des Zweiten Weltkriegs (1939-45), zogen sich die Italiener von den Inseln zurück, die nun wieder Teil Kroatiens wurden. Die Stadt Mali Lošinj ist heute der Hauptverwaltungssitz der gesamten Inselgruppe.

Das Hotel Alhambra wurde 1912 erbaut – es war das schönste Hotel in Mali Lošinj

Endlich schwimmen

Nach über einer Stunde Fahrt über die Inseln war die Familie am Urlaubsort angekommen. Das Dörfchen lag mitten in einem ausgedehnten Pinienwald. Gleich war auch das gemietete Appartment gefunden. Es war bereits später Nachmittag. Schnell wurden die Sachen aus dem Auto in der Wohnung verstaut. Die Geschwister wollten jetzt nur noch eins: schwimmen. Sie packten ihre Badesachen ein. Auch Mama und Papa kamen mit. Der Strand lag nur wenige Meter entfernt. Das Meer glitzerte im Abendlicht, die Felsen schimmerten rötlich. Aus der angrenzenden Bucht hörten sie fröhliche Kinderstimmen. Es wurde geplanscht und gespritzt. Auf zum Schwimmen! Pollina und ihr Bruder waren begeistert. Es war ein herrliches Gefühl: eintauchen in ein kristallklares, türkisfarbenes Meer.

Es begann zu dämmern. Pollino saß im Liegestuhl auf dem fliesengepflasterten Balkon, als ihm der Duft von gegrilltem Fisch in die Nase stieg. Er beugte sich über das Balkongeländer und entdeckte gegenüber das Restaurant, aus dem dieser einladende Geruch kam. Problemlos ließen sich seine Eltern überzeugen...

Ein langhaariges, blondes Mädchen kam und brachte die Speisekarte. „Guten Abend, hier ist die Speisekarte, der Ober kommt gleich. Er nimmt dann die

Bestellung auf", sagte das Mädchen zur Überraschung der Urlauber in perfektem Deutsch. Pollina erkannte das Mädchen sofort wieder. Sie hatte das etwa gleichaltrige Mädchen bereits am Strand gesehen.

Für Pollino war das Abendessen ein wahrer Festschmaus. Er und seine Eltern hatten eine große Platte mit panierten und gegrillten Tintenfischen, Stücken gebackenen Fisches und Salzkartoffeln, zwischen denen grüner Mangold hervorlugte, auf einem großen Tablett serviert bekommen. Pollina drehte gerade schmackhafte Spaghetti Bolognese auf die Gabel, als das blonde Mädchen um die Ecke bog und ihnen allen „Guten Appetit" wünschte. „Die Spaghetti sind ausgezeichnet", entgegnete Pollina. „Dafür sorgt meine Mama, sie ist die Chefin in der Küche. Weißt du, sie ist Italienerin, und ich finde sie macht die besten Spaghetti der Welt." Pollina war verblüfft und neugierig. „Deine Mama ist also Italienierin, und dein Papa?" „Der ist Kroate, den beiden gehört dieses Restaurant. Und wir vier Kinder gehen ihnen, wo wir können, zur Hand." Jetzt war Pollina noch mehr verblüfft. „Deine Mutter ist Italienerin, dein Vater Kroate – und wieso sprichst du dann so gut deutsch?" „Das ist eine komplizierte Geschichte, die ich dir gerne morgen früh erzählen werde. Ihr wohnt doch gleich gegenüber, oder? Jetzt muss ich mich nämlich um meinen kleinen Bruder kümmern – also bis morgen dann und noch einen guten Appetit. Ich hoffe, deinem Bruder schmeckt der Haifisch."
„Haifisch, das Stück gebackener Fisch auf meinem Teller ist tatsächlich Hai? – Er schmeckt umwerfend gut", schwärmte Pollino, „aber Haie? Wo, ähm, schwimmen die normalerweise...?" „Keine Sorge, hier in unseren Gewässern gibt's keine gefährlichen Haiarten. Das Stück auf deinem Teller stammt von einem kleinen Katzenhai", fügte das Mädchen zu Pollinos Beruhigung an. Pollina aber hatte schwimmende Delfine lieber als Haifische auf dem Teller. Sie freute sich schon auf morgen.

„Hallo, guten Morgen! Hast du aber lange geschlafen. Es ist schon 10 Uhr!" Pollina stand gähnend auf dem Balkon, während unten das Mädchen vom Restaurant

bereits auf sie gewartet hatte. „Na ja, es sind ja schließlich Ferien.“ „Schon, aber du solltest unbedingt jetzt mit ans Meer kommen. Wir Einheimische gehen im Sommer nur morgens und am späten Nachmittag an den Strand. Über Mittag ist die Sonne so stark, dass wir diese Tageszeit lieber zuhause verbringen. Na, wie wär's?“
Schon war Pollina angezogen, hatte ihre Eltern gefragt, ob sie in Begleitung des Mädchens zum Schwimmen gehen durfte – und hatte ihren Bruder im Schlepptau.

Das Mädchen hieß Laura, ging in die 6. Klasse und, wie sich herausstellte, hatten ihre Eltern einige Jahre mit ihr in Deutschland gelebt, bevor sie hier auf der Insel Lošinj ein Restaurant eröffneten. „Weißt du, ich bin in Deutschland in den Kindergarten gegangen, und es kommen so viele deutsche und österreichische Gäste zu uns, dass ich mein Deutsch immer wieder auffrischen und sogar verbessern kann.“ „Ich heiße Pollina und komme aus...“ – doch ein gewaltiges „Platsch“ unterbrach sie. Pollino und sein neuer Freund Ivan hatten die beiden Mädchen von oben bis unten tropfnass gespritzt. Deren Antwort ließ nicht lange auf sich warten. Die vier boten sich eine herrliche Wasserschlacht.

Auf den Inseln gibt es wunderschöne Strände

1. Rundgang: Die mittelalterliche Stadt Cres

1. Rundgang: Die Stadt Cres – und ein Ausflug nach Lubenice

Beim Mittagessen erzählte Pollino seinen Eltern von Ivan. Er war Lauras Bruder und gleich alt wie Pollino. Wie seine Schwester sprach auch er ausgezeichnet deutsch. Ivan hatte Pollino und Pollina einen Vorschlag gemacht. Am nächsten Morgen würde sein Vater nach Cres fahren. Dort hatte er sich in der Werkstatt des Jachthafens ein passendes Ersatzteil für seinen alten Bootsmotor anfertigen lassen. Er würde die vier Kinder sicher gerne mitnehmen, und so hätten sie die Möglichkeit, diese interessante Stadt kennen zu lernen.

Früh am Morgen starteten sie zu ihrem Ausflug, schließlich wollte der Vater zu Mittag wieder zurück im Restaurant sein.
Riesige Segel- und Motorboote lagen im Jachthafen der Stadt Cres. Der Besitzer der Werkstatt, bei dem der Vater das Ersatzteil abholen wollte, war noch nicht da. „Ich kann ihnen leider gar nicht weiter helfen, sie müssen schon auf den Chef warten. Er kommt später, sein Wagen hatte leider eine Panne“, sagte der Mitarbeiter der Werkstatt zu Lauras Vater auf Kroatisch. Der Vater überlegte kurz: „Nutzen wir doch die Zeit. Wir fahren in die Stadt und machen uns einen schönen Vormittag.“

Der Hafen von Cres

Sie stellten das Auto auf dem öffentlichen Parkplatz außerhalb des Stadtzentrums ab: „Laura, Ivan! Mit eurer Lehrerin habt ihr doch schon öfters Ausflüge hierher gemacht und ihr kennt euch sehr gut aus. Warum macht ihr nicht mit Pollina und Pollino einen kleinen Rundgang durch die Stadt, während ich mich etwas auf dem Fischmarkt umsehe und anschließend einige Besorgungen erledige? Wir treffen uns in zwei Stunden in der Eisdiele unten am Hafen. Abgemacht?“

Pollino und Ivan sahen sich zögernd an, während die Mädchen schon losgesaust waren – allzu gern wären die beiden Jungen mit zum Fischmarkt gegangen.

Pollino dachte an den Haifisch von gestern Abend. Auf dem Fischmarkt gäbe es vielleicht einen Hai zu bestaunen. Wie gern wäre er erst mit einem Fischer aufs Meer hinaus gefahren, um einen solchen Fang mitzuerleben. Da hörte er Pollina rufen: „Nun komm schon, in Cres gibt's 'ne Menge zu sehen“.

Das Creser Wappen

Eine kurze Geschichte der Stadt

Cres ist sowohl der Name der Insel als auch der Name der Hauptstadt dieser Insel. Die Stadt Cres zählt zwar nur etwas über 2.200 Einwohner, aber es blickt auf eine sehr lange und ereignisreiche Geschichte zurück. Die Geschichte dieser Stadt, die geschützt vor den starken Winden aus Norden und Süden in einer tief eingeschnittenen Bucht liegt, begann im Zeitalter des antiken Rom. Damals hieß die Stadt *Crepsa* – der

heutige Name leitet sich also vom Lateinischen her. Nachdem das Römische Reich zerfallen war, gehörten Cres und die Insel, so, wie große Teile der Adria, zum Byzantinischen Reich *(s. Begriffserklärungen).* Im 10. Jahrhundert unterstand Cres erstmals, aber nicht für lange Zeit, der kroatischen Herrschaft. Vom Jahr 1000 an entwickelte sich Venedig zur stärksten Macht in der Adria. Über Jahrhunderte kämpfte Venedig um diesen Teil der Adria gegen Byzanz und Kroatien, das später zum Ungarisch-Kroatischen Königreich gehörte. Cres verblieb die meiste Zeit – im Gegensatz zu anderen Inselstädten – in Händen der Venezianer.

Im Jahr 1409 waren alle Auseinandersetzungen beendet. Der ungarisch-kroatische König hatte die Inseln an Venedig veräußert. Nun gehörte Cres unumstößlich zur Venezianischen Republik.

Ab Mitte des 15. Jahrhundert übernahm die Stadt Cres den Rang als Inselhauptstadt von Osor. Denn der venezianische *Conte e Capitano* und auch der Osorer Bischof bestimmten das aufblühende Cres zu ihrem neuen Wohnsitz. Die schönsten Paläste der Stadt gehörten kroatischen Fürstenfamilien. Zu den begütertsten und einflussreichsten Familien gehörten die Familien Moisé, Rodinis und Petris.

Mit den Venezianern entstand eine Besonderheit der Stadt Cres: die vielen Wappen. Ihr begegnet ihnen in der Stadt auf Schritt und Tritt. – Man findet sie auf Fensterstöcken, Türpfosten, Hausfassaden, Brunnen usw. Adelige Familien, aber auch religiöse Bruderschaften oder Handwerkerzünfte (Zunft, *s. Begriffserklärungen*) durften ihre eigenen Wappen führen. Die venezianischen Herrscher ließen im 16. Jahrhundert mächtige Stadtmauern mit Wehrtümen anlegen, um die Stadt vor Piraten und Überfällen der türkischen Flotte zu schützen. Der Wehrturm in der Nordwestecke der Stadt ist bis heute erhalten geblieben. Das Bollwerk der Stadtmauer in Form eines Vierecks hat Cres über Jahrhunderte erfolgreich vor Angriffen geschützt. Von den Türmen aus konnte das gesamte Geschehen in der Bucht von Cres überwacht werden.

Der einzig erhaltene Wehrturm der venezianischen Stadtmauer

388 Jahre hat Venedigs Herrschaft gedauert, bis Napoleons Truppen Venedig eroberten und auch Cres in Besitz nahmen. Diese große Zeitspanne, in der Venedig die Geschicke der Insel und der Stadt Cres bestimmte, hat weitere mannigfaltige Spuren hinterlassen. Geht man durch das Gewirr der Gassen von Cres, dann fällt einem zuerst das Aussehen der Häuser ins Auge. Es ist, als ginge man durch die Gassen von Venedig! Und, was auch heute noch sofort „ins Ohr fällt": In Cres spricht man überwiegend Italienisch, aber nicht Hochitalienisch, sondern venezianischen Dialekt. Und das, obwohl die Venezianer von der Creser Bevölkerung nicht sehr geschätzt waren.

Die Porta Marcella mit dem venezianischen Löwen

Porta Marcella

Euer Rundgang durch die mittelaterliche Stadt Cres beginnt an der „Porta Marcella". „Porta" ist italienisch und heißt auf Deutsch *Tor*. Und dieses Tor diente einst als Stadttor. Es wurde im 16. Jahrhundert erbaut, als die Venezianer die Stadt mit wehrhaften Stadtmauern umgaben – daher auch der von den Einwohnern noch heute verwendete italienische Namen des Stadttors. Damals sorgten die Stadtwächter dafür, dass dieses Tor, wie auch alle anderen Stadttore, um 21 Uhr geschlossen wurde. Die Wappen und der venezianische geflügelte Löwe, die ihr auf dem Tor seht, sind Nachbildungen der Originale. Diese wurden in der Zeit Napoleons entfernt und zerstört. In den 30er Jahren des eben erst vergangenen Jahrhunderts wurden dann Kopien angebracht.

Die Creser haben die venezianischen Stadtmauern im 19. Jahrhundert abgetragen. Übriggeblieben ist unter anderem dieses Stadttor, das ohne die Einbindung in die Stadtmauer wie ein Triumphbogen aus der Zeit des antiken Rom wirkt.

Pollina fühlte sich in diesem Gewirr von engen Gassen in die Vergangenheit zurück versetzt. Keine Autos weit und breit, die Straßen waren nicht asphaltiert, sondern

meist mit rutschigen Marmorsteinen gepflastert. Die Häuser sahen noch immer aus, als herrschte der venezianische „Conte e Capitano" in der Stadt. Nun standen sie vor dem **Haus in der Zagrad-Straße Nummer 22**. *„Dieses Haus gehörte doch einem Maurer!" Pollino hatte das Wappen auf dem Türsturz entdeckt, mit Maurerkelle, Hammer und Winkelmesser. „Gut beobachtet, das war im Mittelalter tatsächlich das Haus eines Maurermeisters. Gewohnt haben die Familien damals in den oberen Stockwerken. Unten waren, und sind es auch heute noch oft, die Werkstätten und Lagerräume der Handwerker untergebracht. Kommt mal mit, an der nächsten Hausecke unter dem Durchgang seht ihr das ganz deutlich. Diese Räume im Erdgeschoss hatten breite und schwere Türen, damit Material und Werkzeug problemlos hinein- und heraustransportiert werden und genügend Licht eindringen ..." - „Und seht nur die schweren Türschlösser und die winzigen vergitterten Fensterchen", fiel Ivan seiner Schwester ins Wort. „Damals hatte man wohl große Angst, bestohlen zu werden!? Heute ist's ganz anders. Nicht einmal Urlauber brauchen Angst zu haben!", sagte er Pollino zuzwinkernd. „Aber Spaß beiseite: Die Creser sind ein friedliches und gastfreundliches Völkchen."*

Am Ende der Gasse seht ihr das Haus eines Creser Handwerkers

Der Weg führt vorbei am ehemaligen **Palast der Familie Moisé**. Das gesamte Erdgeschoss des riesigen Hauses diente früher als Verkaufsraum und Lager. Auf den steinernen Fensterstöcken erkennt ihr noch immer viele Wappen und Verzierungen. Die Moisé waren reiche Patrizier und besaßen große Landgüter. Leider ist der Palast so stark verfallen, dass man ihn nicht mehr besichtigen kann. Aber die Verantwortlichen der Stadt Cres haben vor kurzem die Renovierung des Baus beschlossen.

Isidor, der Schutzheilige von Cres

Oben: Über dem Portal der Kirche ist der heilige Isidor dargestellt Darunter: Die Säule aus dem 8. Jahrhundert n.Chr.

Rechts: Das Wappen der Familie Petris trug einst die Farben silber und blau

4

Um die Kirche **Sankt Isidor** befindet sich der älteste Teil der Stadt. Diese Kirche wurde im 12. Jahrhundert erbaut und dem heiligen Isidor geweiht. Er ist der Schutzheilige der Stadt Cres. Isidor, der auf Kroatisch „Sider" genannt wird, stammte von einer griechischen Insel und starb als Märtyrer *(s. Begriffserklärungen)*. Auf dem Glockenturm läutet eine Glocke aus dem 14. Jahrhundert.
Hinter der Kirche befindet sich ein einzigartiges Kunstwerk. Leider es ist an einem ihm eher unwürdigen Platz aufgestellt, und obendrein steht es auf dem Kopf! Es handelt sich um eine **Säule aus dem 8. Jahrhundert**. Sie ist am Treppenaufgang zu einem Privathaus angebracht. Erstaunlich, wie gut sie die fast 1.300 Jahre überdauert hat!

5

Nun befindet ihr euch in der *Ulica Sveti Sidar*, der Straße des heiligen Isidor. Auf der rechten Seite über dem **Türsturz** der Hausnummer 103 (neben Hausnummer 37) seht ihr das einfache, steinerne Wappen der Familie Petris.

6

Die Kirche Maria Schnee

Einige Gassen weiter steht die Hauptkirche von Cres. Sie ist der Muttergottes geweiht und trägt den Namen *Maria Schnee*. Diese Bezeichnung verweist auf die Legende des Schneewunders. Die Muttergottes ließ es, dieser Erzählung zufolge, am 5. August im Jahr 356, also mitten im Sommer, in Rom schneien – und zwar genau an einer bestimmten Stelle. An dieser Stelle wünschte sich Maria ihr zu Ehren eine große Kirche. Papst Sixtus III. verwirklichte einige Jahrzehnte später an besagtem Ort die prachtvolle Kirche Santa Maria Maggiore.
Die Legende des Schneewunders war auch auf dem früheren und kunstvollen Altargemälde der Creser Kirche zu sehen. Leider ist das Werk zusammen mit

Links: Der Innenraum der Kirche Maria Schnee

vielen anderen Kunstgegenständen bei einem Brand im Jahr 1826 vernichtet worden.

Die Creser Pfarrkirche wurde um 1480 im Stil der Renaissance (*s. Begriffserklärungen*) erbaut. Eigentlich war sie eine Bischofskirche, denn der damalige Bischof hatte, wie ihr wisst, die Malaria-verseuchte Stadt Osor verlassen und war nach Cres übersiedelt.

Die Erbauer haben die Kirchenfassade ganz ruhig und ausgewogen gestaltet. Das Portal der Kirche wird von zwei Pilastern, flach aus der Wand hervortretenden Pfeilern, eingerahmt. Über den Pilastern stehen zwei Statuen: Der Erzengel Gabriel, der Bote und Vertraute Gottes, sowie die Muttergottes sind hier dargestellt: Gott teilt Maria durch den Erzengel Gabriel mit, dass sie ein Kind empfangen wird, seinen Sohn. In der Lunette, so wird das halbkreisförmige Feld über dem Portal genannt, sind Maria und das Jesuskind in Stein gemeißelt.

Im Innern birgt die Kirche einige sehenswerte Kunstwerke. Auf dem ersten Altar links seht ihr eine einfache, aber ausdrucksstarke Darstellung einer holzgeschnitzten, so genannten „Pietà": Eine Darstellung, bei der Maria ihren eben vom Kreuz abgenommenen, toten Sohn Jesus trauernd in den Armen hält. Der Künstler hat diese Skulptur in der ersten Hälfte des 15. Jahrhunderts angefertigt.

Auf dem Gemälde über dem Altar an der gegenüberliegenden Wand sind Heilige abgebildet sowie eine Ansicht der Stadt Cres aus dem 18. Jahrhundert. Das heutige Bild am Hauptaltar zeigt – wie ehemals sein verlorener Vorgänger – das Wunder des Schnees.

Das Bild von Alvise Vivarini mit den Heiligen hängt im Pfarrhaus

Vor dem Brand gerettet wurde das wertvolle Gemälde des venezianischen Malers Alvise Vivarini. Das Gemälde stammt aus dem 15. Jahrhundert und schmückte ursprünglich die Kirche. Dort jedoch befindet es sich nicht mehr, sondern im angrenzenden Pfarrhaus, in das euch der Pfarrer von Cres auf Anfrage bereitwillig Einlass gewährt. Das Bild zeigt oben die „Schutzmantelmadonna". Maria breitet ihren Mantel über den Gläubigen aus und gewährt ihnen Schutz. Unterhalb von Maria seht ihr verschiedene Heilige abgebildet, wie etwa den heiligen Sebastian. Er war ein römischer Soldat und wurde zum Märtyrer für den christlichen Glauben. Auf dem Bild wird er von den Pfeilen seiner Peiniger durchbohrt. Daneben befindet sich die heilige Katharina. Sie war eine Königstocher aus Cypern, die die Hochzeit mit dem Sohn des römischen Kaisers Maxentius zurückwies, um nur Jesus Christus zu dienen. Der zornige Kaiser ließ sie daher ins Gefängnis werfen, wo eine grausame Folter auf sie wartete. Katharina wurde auf einem Rad mit spitzen Nägeln gemartert. Doch Gott stand ihr bei, das Rad zerbarst. Daraufhin wurde Katharina von Schergen des Kaisers enthauptet. Im Bild hält Katharina ein Stück des zerbrochenen Rades.

Rechts neben Katharina trägt der Riese Christophorus Jesus auf seinen Schultern. Ihr kennt diese Erzählung mit Sicherheit. Christophorus hat das Jesuskind über den Fluss getragen und merkte dabei, wie das kleine Kind immer schwerer wurde. Er drohte zu ertrinken. Es war ihm, als trüge er die Welt. Da sagte Jesus zu

ihm: „Mehr als die Welt hast du getragen, der Herr, der die Welt erschaffen hat, war deine Bürde.“ Jesus drückte daraufhin den bärenstarken Mann unter Wasser und taufte ihn. Später bekehrte Christophorus viele Menschen zu Christen.

Dieses Gemälde muss einst größer gewesen sein und noch mehr Motive gezeigt haben. Auf der linken Seite des Gemäldes wird klar, dass es sich bei dem heutigen Bild nur um einen Ausschnitt aus dem ursprünglichen Gemälde handelt. Dargestellt seht ihr einen der Gebrüder Cosmas und Damian, die jedoch auf Gemälden stets zusammen abgebildet wurden. Vom fehlenden Bruder ist auf dem Bild noch eine Hand zu erkennen. Cosmas und Damian lebten im 3./4. Jahrhundert in Kleinasien. Sie waren Ärzte, die Kranke unentgeltlich behandelten. Auch sie starben als Märtyrer.

Neben der Kirche ragt der wehrhafte **Campanile** – so nennen die Venezianer einen Glockenturm – in die Höhe. Die Venezianer haben die Glockentürme nicht an die Kirche angebaut, sondern stets etwas weiter entfernt errichtet. Vielleicht um zu verhindern, dass bei einem Gewitter, wenn Blitze leicht in ein hohes Gebäude einschlagen, auch die Kirche in Mitleidenschaft gezogen wird. Im 18. Jahrhundert wurde der alte Campanile tatsächlich während eines Gewitters zerstört, und dieser neue wurde anschließend gebaut.

Der Campanile – der Glockenturm

7 Morska Vrata

Der wunderschöne große Uhrturm ist gleichzeitig das Stadttor zum Hafen hin. Dieses Tor heißt auf Kroatisch „Morska Vrata“, das *Tor zum Meer*. Es war früher das Haupttor der Stadt, denn der Seeweg war die wichtigste Verkehrsverbindung. In

Die Morska-Vrata – das Tor zum Meer ist der Uhrturm der Stadt

der leeren Nische über dem Stadttor prangte früher der venezianische Markuslöwe, doch napoleonische Truppen haben ihn von dort entfernt, zerschlagen und ins Meer geworfen. Unter italienischer Herrschaft wurden Teile des Löwen aus dem Meer gefischt, um ihn wieder an seinem Platz aufzustellen. Doch nachdem die Italiener die Inseln an Jugoslawien abtreten mussten, beseitigten die Einwohner erneut die Spuren. So erfuhr dem Zeichen der venezianischen Macht noch einmal das gleiche Schicksal. Wo ist der Löwe nur diesmal abgeblieben?

Von hier, vor der Morska-Vrata, bekommt ihr einen schönen Eindruck von den frühmittelalterlichen Stadtmauern von Cres, die bereits vor der venezianischen Herrschaft bestanden. Die Häuserzeile links und rechts der „Morska Vrata" war Bestandteil dieser frühen Stadtmauer.

Pollina betrachtete fasziniert die Häuserreihe neben dem Stadttor, die dem Verlauf der frühen Stadtmauern folgt. Die Fensterläden waren in der morgendlichen Sonne geöffnet, vor den Fenstern war Wäsche zum Trocknen aufgehängt. Die bunten Häuser schienen voller Leben. Da fiel ihr Blick auf den Hafen. Fischerboote schaukelten leise plätschernd im Meer. „Ist das nicht wunderschön?" Auch Laura erfreute sich an diesem Anblick und fuhr fort: „Dieser kleine Hafen hier wird Mandrać genannt. Ich weiß zwar auch nicht genau, was der Name bedeuten soll, aber er ist wirklich einzigartig. Der Mandrać ist nämlich ein Hafen im Hafen, ein kleines Hafenbecken. Der Hafen an sich wird von den zwei Kais da vorne gut geschützt. Diese Kais gab es schon zu Zeiten der Venezianer. Und nachts oder bei Gefahr wurde der Hafen, von wo man den direkten Zugang zur Stadt hatte, mit Ketten verschlossen..."

Ansicht des Mandrać

Pollino und Ivan standen währenddessen nur wenige Meter von den Mädchen entfernt an die Mittelsäule

8 *der über vierhundert Jahre alten* **Stadtloggia** *gelehnt. Schon seit ihrer Entstehung diente die Loggia als Treffpunkt der Creser Bevölkerung. Und auch jetzt fanden sich viele Menschen ein. Es war Markt. Bauersfrauen mit Schürzen und Kopftüchern boten Schafskäse und Olivenöl feil; Salat, Obst und Gemüse gab es im Überfluss. Die großen Tomaten dufteten süßlich, Wespen umsurrten die Weintrauben und Honigmelonen: „Hört ihr es nicht, das Wehklagen der Gedemütigten?", eine rauchige Stimme ließ die beiden Buben versteinern. Die Stimme gehörte einem alten Mann, der nun schallend auflachte. Der Mann trug eine Fischermütze, darunter kam sein freundliches, braungebranntes Gesicht zum Vorschein. „Ich wollte euch nur ein bisschen erschrecken", entschuldigte sich der Mann. „Früher wurden in der Halle neue Gesetze oder Gerichtsurteile verlesen. Aber an der Säule, an die ihr euch lehnt, junge Freunde, ging's richtig schauderhaft zu. Sie diente über viele Jahrhunderte als Pranger. Menschen, die die Gesetze der Stadt missachtet hatten, wurden mit einem Halseisen an die Säule gekettet. Es reichte schon, Obst zu stehlen, um hier zu stehen und dem öffentlichen Spott ausgesetzt zu sein. Die Passanten beschimpften, bespuckten und schlugen auf die Missetäter ein. Aber, da kommt gerade jemand, der auch noch genauer über die Zeit von früher berichten kann." Der Mann mit der Fischermütze deutete auf einen merkwürdig gekleideten Mann. Dieser trug einen*

Der Markt in Cres findet an der Loggia statt

grünen, bis zu den Knien reichenden Rock mit einem Hermelinkragen, wie ihn vornehme Patrizier im Mittelalter trugen. Darunter sahen braune Strümpfe hervor. Seine Lederschuhe waren schmal und spitz.

Pollina und Laura hatten nur Wortfetzen des Alten mit der Fischermütze aufgeschnappt. Doch dann bemerkten sie den Mann, der auf ihre Brüder und den Alten zuging: „Komm Pollina, das lassen wir uns nicht entgehen! Dieser Mann sieht aus wie ein Adeliger aus dem alten Cres. Eine nette Verkleidung!", sagte Laura und hakte sich bei Pollina unter.

Franjo Petris – der Philosoph

Der Mann stellte sich den Kindern vor: „Mein Name ist Franjo Petris. Ihr werdet es nicht glauben, aber ich wurde im Jahr 1529 als Kind der reichen Patrizierfamilie Petris geboren, deren Palast ihr bei eurem Aufenthalt in der Stadt sicher noch besuchen werdet.

Ursprünglich kam meine Familie vom kroatischen Festland, genauer gesagt aus Bosnien. Auf der Insel Cres besaßen wir große Ländereien. Wir handelten mit Schaffleisch, Schafwolle, Oliven, Getreide und Wein. Damals gehörten die Stadt und die Insel Cres zur Republik von Venedig. Doch die venezianische Regierung hat uns einheimischen Adeligen heftig zugesetzt. Obwohl meine Familie begütert und auch im Stadtrat des reichen Cres vertreten war, besaßen wir nur eingeschränkte Rechte, aber viele Pflichten, die uns die Venezianer auferlegten. Im Jahr 1409 hatten die Venezianer die Herrschaft über die Inseln übernommen. 1441 haben sie dann eine Gesetzessammlung für die Inseln erlassen, die sie das 'Statut von Cres und Osor' nannten. Darin war festgelegt, dass die Adeligen hier auf der Insel zwar ihre Adelstitel und Wappen führen durften, nur war dieser Titel nicht so viel wert, als der, der von der venezianischen Regierung verliehen worden war. Denn nur wer von den Venezianern in den Adelsstand erhoben wurde, war auch in anderen Gegenden des Herrschaftsgebietes als Adeliger anerkannt.

Darüberhinaus regelte das Statut auch das Zusammenleben der Menschen in den Städten und Dörfern der Inseln. Darin stand etwa geschrieben, dass Wäsche nur in einem Umkreis von 20 Schritten vom Brunnen gewaschen oder Abfälle nicht ins Meer geworfen werden durften. Unter Strafe stand auch, andere Bürger der Stadt mit Schimpfwörtern zu beleidigen. Diebstahl stellte ein besonders schweres Vergehen dar. Die Menschen auf den Inseln lebten von der Schafzucht und vom Ackerbau – im 17. Jahrhundert weideten auf unserer Insel sage und schreibe 150.000 Schafe, und wer solchen Besitz stahl, dem winkte der Schandpfahl oder er wurde noch härter bestraft: Er erhielt ein Brandmal im Gesicht. Wer ein zweites Mal bei einem

Schafe prägen oft das Landschaftsbild der Inseln

Diebstahl erwischt wurde, dem wurden entweder die Nase oder ein Ohr abgeschnitten. Für Mörder, Räuber und Geldfälscher war die Todesstrafe vorgesehen. Solche Gesetzesbrecher wurden entweder gehängt, verbrannt oder gevierteilt, oder es wurde ihnen der Kopf abgehackt."

Laura war der Mann unheimlich. Er erzählte so lebendig und genau, als hätte er tatsächlich schon im Mittelalter gelebt. Aber sie hatte genug gehört von Raub, Mord und Tod. Sie stupste ihren Bruder an und sagte ihm leise ins Ohr: „Lass uns auf dem Markt etwas Obst kaufen. Mein Magen fühlt sich so kribbelig an." Laura und Ivan hoben nur leicht die Hand zum Gruß, bevor sie einen Obststand ansteuerten. Pollina und Pollino lauschten weiterhin dem fesselnden Bericht des geheimnisvollen Mannes.

„Das Leben unter den Venezianern war für keinen Insulaner leicht. Die reichen Patrizierfamilien besaßen große Ländereien in der Tramuntana, im nördlichen Teil der Insel Cres, dort, wo es auch heute noch dichte Eichenwälder und saftig grüne Wiesen gibt. Diese Familien stellten zwar, wie gesagt, den Stadtrat und besetzten sogar das Richteramt, doch die eigentliche Macht besaß Venedig. Venedig entsandte einen adeligen Vertreter, den 'Conte e Capitano', dem die Verwaltung der Inseln oblag. Mit ihm kamen ein Sekretär und ein Polizist aus Venedig, die ihn unterstützten. Wenn der 'Conte e Capitano' gegen unsere Beschlüsse stimmte, dann mussten wir uns ihm in jedem Fall beugen. Er verbot uns sogar den Seehandel. Unsere Waren durften wir nur direkt an venezianische Händler verkaufen. Nicht einmal mehr Schiffe konnten wir ohne seine Einwilligung bauen! Zudem verlangte Venedig von uns hohe Steuern.

Auch die ärmeren Familien litten unter den Venezianern. Denn alle Männer waren zum Dienst auf vene-

Eine venezianische Galeere

zianischen Galeeren verpflichtet. Und nur die begüterten hatten die Möglichkeit, sich für eine hohe Summe von dieser Sklavenarbeit freizukaufen.

Selbst unsere Landschaft blieb nicht verschont. Einst bedeckten große Eichenwälder unsere Inseln. Doch die Venezianer benötigten Holz für den Bau ihrer Schiffe und die Gebäude ihrer Stadt und rodeten die Wälder. Zwar hatten sie einen genauen Plan vorgesehen, wie man den Wäldern Holz entnahm, ohne sie völlig zu roden. Aber der funktionierte nicht. Unsere Inseln wurden fast kahl geschlagen. Ohne die Bäume trugen Wind und Regen die Erde weg, übrig blieben oft nur Steine und Felsen.
Immer wieder habe ich gegen die Herrschaft der Venezianer protestiert, ohne Erfolg. Ich habe die Inseln dann sogar für viele Jahre verlassen..."
Von einer Bäuerin kaufte der alte Mann nun große Weintrauben und gab sie dem Geschwisterpaar: „Hier, meine jungen Freunde, die weißen Trauben sind besonders erfrischend!"

Mit den Worten: „Lasst sie euch schmecken! Und vergesst nicht, wie viel mühevolle Arbeit es den Menschen bereitet, dem felsigen Boden solch wohlschmeckendes Obst abzugewinnen", verabschiedete sich der Mann von den beiden Kindern und ging in Richtung des Uhrturms seines Weges.

Laura und Ivan standen am Obststand nur wenige Meter entfernt: „Wer dieser Mann auch immer gewesen sein mag, weißt du etwas über diesen Franjo Petris?", fragte Pollino. Ivan kannte den Namen aus den Geschichtsbüchern: „Er war ein bekannter Philosoph, ein gelehrter Mann, der in Ingolstadt sowie in Padua studierte und viele Bücher verfasst hat. Er schrieb über Politik, militärische Fragen, naturwissenschaftliche Probleme und interessierte sich für das Wesen der Welt. Er starb 1597 in Rom."

Ein paar hundert Meter weiter kommt ihr zum Hotel Cres. In diesem Gebäude befand sich einst das **Fontik**, das gegen Ende des 15. Jahrhunderts errichtet worden war. Der Name „Fontik“ kommt von der italienischen Bezeichnung „Fontego“ – dem Lager für Getreide und Vorräte, die hier angesammelt und gelagert wurden. Im Falle von feindlicher Bedrohung, Missernten oder Preistreibereien konnten die Bewohner von Cres auf diese Getreide- und Lebensmittelvorräte im Fontik zurückgreifen. An das alte Gebäude erinnert jedoch nur noch eine Reliefdarstellung des heiligen Isidor an der Hauswand. Der Schutzheilige sollte auch den Fontik vor Dieben und Unheil beschützen. 9

Oben: Die Abbildung des heiligen Isidor am ehemaligen Fontik

Rechts: Der Palast Arsan. Hier lebte die Familie Petris

10 Palast Arsan

Der Palast Arsan liegt hinter dem Fontik. Er war das Wohnhaus der reichen adeligen Familie Petris. Dieses wunderschöne Gebäude aus dem 15. Jahrhundert ist im Stil der Spätgotik (Gotik, *s. Begriffserklärungen*) entstanden. Typisch für diesen Stil sind die spitz zusammenlaufenden Bögen der Fenster und ihre Blumenmotive. Wie leicht und luftig dieser Palast aussieht! Die Hauswände sind ganz klar gegliedert, und so weist er schon auf die nachfolgende Kunstepoche der Renaissance hin (*s. Begriffserklärungen*). Die Creser nennen dieses Gebäude *Palast Arsan*, weil sich

vor der Errichtung des Palastes der Familie Petris an dieser Stelle das Arsenal, das Waffenlager der Stadt, befand.

Der Palast wurde erst kürzlich umfangreich restauriert. Das war auch bitter nötig! Noch immer sieht man, dass sich die Außenmauern bereits gewölbt hatten, weil der Untergrund abzusinken begann. Nun hat man die Steinkonstruktion des Palastes und den Untergrund verstärkt.
Im Palast Arsan ist ein sehenswertes Museum zur Geschichte der Stadt untergebracht. Dort werden zum Beispiel Amphoren ausgestellt. Sie stammen aus der Ladung eines römischen Schiffes, das in den Gewässern vor Cres gesunken war. Im Museum gibt es noch weitere Funde aus der Antike zu bestaunen, aber auch mittelalterliche Skulpturen sowie Gegenstände, die das frühere Leben in der Stadt und ihrer Umgebung zeigen.

„Sieh mal Pollina, hier über dem Fenster des Hauses rechts vom Palast ist ein Fisch eingemeißelt! Genauer
11 *gesagt handelt es sich um einen* **Thunfisch***", erklärte*
Ivan. An der Insel zogen früher riesige Fischschwärme vorbei, die Cres berühmt machten. Über Jahrhunderte belieferten die Fischer die Stadt Venedig mit gesalzenem Creser Blaufisch."
„Was ist denn Blaufisch?", fragte Pollina. Ivan kannte sich mit Fischen sehr gut aus: „Zu den Blaufischen gehören Thunfische, Makrelen, Sardinen oder auch Sardellen. Die Bezeichnung Blaufisch rührt daher, dass diese Fische ein bläulich-weißes Schuppenkleid tragen. Sie haben ein dunkles, bläulich-rotes Fleisch. Die Blaufische leben in Schwärmen. Gefischt wurde nachts mit Hilfe von Fackeln, da sich die Fischschwärme vom Licht angezogen fühlen. Bis heute haben die Fischer ihre Fangmethoden kaum verändert. Allerdings

Ein toller Fang! Eine riesige Palamida – ein Makrelenfisch

benützt man heutzutage Gaslampen. Auch wenn es den Fisch nicht mehr so im Überfluss gibt wie früher: Die Fischerei steckt den Cresern noch immer im Blut. Fast jeder Einheimische besitzt ein Boot, mit dem er zum Fischen aufs Meer hinausfährt, egal, wie viel er fängt."

12 Ihr kommt nun am **Palast der Familie Rodinis** vorbei. Auch die Rodinis gehörten zu den reichen Patrizierfamilien des mittelalterlichen Cres. Von dieser Familie weiß man nicht, woher sie ursprünglich stammte. Aufgrund des Namens vermutet man, dass sie vielleicht aus dem griechischen *Rhodos* nach Cres gekommen war. Sicher aber ist, dass auf ihrem Familienwappen ein Rad abgebildet war. Das Wort für „Rad" lautet im Italienischen wiederum „ruota" – davon könnte sich *Rodinis* ebenfalls ableiten.

Wenn ihr euch auf dem Platz vor dem Haus umseht, dann erkennt ihr, wie kostbar im Mittelalter, als sich die Häuser innerhalb einer Stadtmauer drängten, der Baugrund war. Der vorhandene beschränkte Raum musste optimal ausgenutzt werden. Auf diese Weise rückten die Wohnhäuser selbst an Patrizierpaläste nahe heran. Die Plätze der Stadt waren klein und eng, hier ein Häuservorsprung, dort ein Winkel. Doch fühlt man sich auf solchen Plätzen richtig heimelig.

Oben: Das Steinmetzzeichen
Unten: Die Porta Bragadina

Im Mittelalter lebten in den umliegenden Häusern vor allem Steinmetze. Über dem Eingang des Hauses 13
Pjaceta 6 erkennt ihr das Zeichen der Creser Steinmetze: einen Hammer, der gleichzeitig als Meißel verwendbar ist. Das größte Zeichen auf diesem Wappen stellt ein D dar, mit dem wohl der Familienname des Steinmetzes begann.

Eine Straße mit Abflussrinnen für das Regenwasser auf den Seiten führt euch zur **Porta Bragadina** oder 14
„Male Vrata", wie es auf Kroatisch genannt wird: *das kleine Tor*. Wie die Porta Marcella trug dieses Tor den Namen jenes venezianischen *Conte e Capitano,* der bei der Erbauung des Tors gerade die Stadt verwaltete. Ihr verlasst nun die innere Stadt und biegt nach rechts ab. Der Weg führt am Café Astoria vorbei.

Dieses Gebäude war im 12. Jahrhundert ein Wehrturm. Ein Mini-Rest aus dieser Zeit ist noch vorhanden: der **gemauerte Bogen** an der Hauswand.

15

15

An der Straßenecke dahinter befindet sich das **Kirchlein** mit dem Namen **Heilig Geist.** Es gehört zu einem Gebäudekomplex, in dem früher das Armenhaus und das Lazarett untergebracht waren. Diese Einrichtungen lagen früher außerhalb der Stadtmauern. Groß war die Angst der Einwohner, sich mit Krankeiten anzustecken. Im Lazarett mussten daher Händler und Reisende, die nach Cres kamen, eine Zeit der Quarantäne verbringen. Hier sollte sich zeigen, ob sie irgendwelche Krankheiten hatten, mit denen sie die Einwohner der Stadt anstecken könnten. Eigentlich bezeichnet „Quarantäne" einen Zeitraum von vierzig (italienisch „quaranta") Tagen, aber so lange mussten die Ankömmlinge meist nicht warten, bis sie die Stadt betreten durften.

Die kleine „Heilig-Geist-Kirche"

Der Innenhof des Franziskaner-Klosters

16

Das Franziskaner-Kloster

Die vier Freunde standen nun im Kreuzgang (s. Begriffserklärungen) des Franziskaner-Klosters. „Wusstet ihr, dass die Franziskaner-Mönche schon seit über 800 Jahren auf der Insel Cres ansässig sind?", fragte Laura in die Runde, als ihnen ein in Schwarz gekleideter Mönch einen guten Tag wünschte. „Dobar dan", die vier erwiderten den Gruß wie aus einem Mund. „Ich

dachte, wir befinden uns in einem Franziskaner-Kloster. Wieso sind die Mönche dann nicht braun, sondern schwarz gekleidet“, fragte Pollino. Seine Schwester kannte den Grund: „Sie gehören zu einem besonderen Zweig der Franziskaner – sie sind so genannte „Minoriten“, „Mindere Brüder“. Das war der ursprüngliche Orden, den der heilige Franziskus aus Assisi gründete. Die Mönche der Franziskaner-Minoriten tragen schwarze Kutten, die mit einem weißen Strick gegurtet sind.

Der Mönch hatte das Gespräch der Kinder aufgeschnappt und trat an sie heran: „Na, ihr wisst ja einiges über uns Minoriten. Ich glaube, ich sollte euch durch unser Kloster und die Kirche begleiten, um euch die Besonderheiten dieses geschichtsträchtigen Ortes zu zeigen. Denn leider haben wir noch keinen gedruckten Führer. Unsere Renovierungsarbeiten des Klosterbaus verschlingen viel Geld, und so muss dieser Führer noch etwas warten.“

Gerne nahmen die beiden Geschwisterpaare das Angebot an. Zuerst betraten sie die Kirche. Der Pater zeigte ihnen das wunderbar geschnitzte Holzgestühl aus dem 15. Jahrhundert. Pollino deutete auf den niedrigen und nach oben spitz zulaufenden Eingang zum Glockenturm: „Wer außer Zwergen soll da durch passen?“, wunderte er sich. Doch der Mönch erläuterte, dass es sich um eine original mittelalterliche Tür handle und damals die Menschen wesentlich kleiner waren als heute. Man müsse sich halt nur tief genug bücken. In der auf der Südseite angebauten Kapelle erklärte er ihnen, dass sich unter der Grabplatte das Grab des berühmten Creser Franziskaner-Mönchs Antun Marcello-Petris befindet. Er war Bischof und Hauptabt seines Ordens.

Sie kehrten in den Kreuzgang zurück. Verwundert stellte Pollina fest, dass der Fußboden sehr uneben war: „Darunter sind Gräber von Creser Adeligen. Die Grabplatten dazu werden im Klostergarten aufbewahrt. Einst bedeckten die Grabplatten natürlich die Gräber im Kreuzgang. Aber um die Grabplatten zu schützen, wurden sie entfernt. Außerdem ließen die Wappen

darauf so manchen stolpern, der durch den Kreuzgang ging", erklärte der Ordensmann.

Der Mönch schloss ihnen die Tür des Museums auf. Hier wurden schön verzierte, kostbare Messgewänder ausgestellt. Laura machte Polllina auf die gemalten Portraits an den Wänden aufmerksam. Es handelte sich um die berühmtesten Philosophen (s. Begriffserklärungen), die dem Franziskaner-Orden angehörten. Zu sehen sind: Alexander von Hales, der heilige Bonaventura, Nikolaus von Lyra, und auch Johannes Duns Scotus, der berühmte schottische Gelehrte, der im 13. und Anfang des 14. Jahrhunderts lebte. Einem dieser Gelehrten hat der Maler sechs Finger verpasst. Entdeckt ihr ihn?

An der Stirnseite des Raumes seht ihr eine wunderbare Darstellung von Maria mit dem Jesuskind. Der Bildhauer Andrea da Murano hat sie 1475 aus Holz geschnitzt.

Madonna mit Kind

Pollino war die Schrift des Buches in der Vitrine sofort aufgefallen. Er sah zu Ivan: „Das ist doch keine Geheimschrift, oder?" „Nein, das ist eine glagolitische Inschrift." „Stimmt, ich habe von dieser Schrift schon gehört. Eigentlich war die Sprache der Kirche ja Latein, aber hier in Kroatien wurden die Gottesdienste seit jeher auf Kroatisch gehalten und religiöse Texte in Glagolitisch, der frühen kroatischen Schrift verfasst", erinnerte sich Pollino. „Gerade die Franziskaner predigten in der kroatischen Sprache. Daher gingen seit je her die Einwohner von Cres gerne zu uns Franziskanern in den Gottesdienst", hob der Pater hervor.

Im Nebenraum standen allerlei Gegenstände des täglichen Gebrauchs, wie sie früher verwendet wurden: Amphoren für Wein und Olivenöl, Lampen, Spinnräder und Kämme zum Reinigen von Wolle.

Der Mönch führte sie in einen weiteren Kreuzgang. Er gehört zum älteren Teil des Klosters aus dem 15. Jahrhundert. „Hier auf der Zisterne ist das älteste bekannte Stadtwappen von Cres angebracht: ein aufgerichte-

tes Pferd", erklärte Laura und deutete auf den Brunnen im Zentrum des Innenhofs. An den Kreuzgang schließt der Klostergarten an. „Der Klostergarten ist normalerweise nicht für Besucher geöffnet, aber wenn jemand fragt, lassen wir ihm gern einen Blick hineinwerfen. Denn da gibt es einiges zu sehen, was über die Gegenwart und die Vergangenheit des Klosters Auskunft gibt. Man findet immer noch Mosaiksteinchen vom Fußboden einer alten römischen Villa rustica, dem Landsitz eines römischen Patriziers. Auch die Teile von Säulen stammen von damals. Die Villa wurde bereits vor uns Franziskanern in ein Kloster umgewandelt. Wahrscheinlich waren es zuerst griechische Mönche, die sich hier niederließen."

Der Kirchturm des Franziskaner-Klosters mit den acht Gesichter-Skulpturen

Nachdem er ihnen die Sonnenuhr sowie die geographischen Orientierungspunkte am Boden darunter gezeigt hatte, verabschiedete sich der Pater von den Kindern. Es war Zeit, sich den Pflichten des Klosterlebens zu widmen. „Aber vergesst nicht, euch den Glockenturm genau anzusehen", riet er ihnen zum Abschied.
Den Glockenturm der Kirche hatten Pollino und Pollina schon vom Kreuzgang aus gesehen. Aber was war daran so besonders? „Die Gesichter, wie unterschiedlich die dreinschaun!" – Ivan deutete auf den Glockenturm. Die Creser behaupten, die Gesichter über den Rundbogenfenstern hätten je nach Himmelsrichtung und dem Wind, der ihnen aus dieser entgegenbläst, unterschiedliches Aussehen. Die nach Norden und Osten blicken, haben ein fröhliches Gesicht, denn aus diesen Himmelsrichtungen wehen trockene und luftige Winde. Die im Süden und Westen seien besonders missmutig und grimmig. Ihre Stirn sei gerunzelt, denn aus dem Süden und Südwesten blasen ihnen warme, feuchtigfaule Winde wie der Jugo oder der Grbin entgegen. Aber irgendwie sahen für Pollino alle diese Gesichter wie Fratzen aus, deren Ausdruck nur schwer zu unterscheiden war.

Die vier waren am Ende ihres Rundgangs angelangt. Sie waren sich einig: Nichts wie los zur Eisdiele im Hafen.

Der Vater von Laura und Ivan traf erst ein, als alle bereits ihr Eis gegessen hatten. „Tut mir Leid, dass ich euch nicht Gesellschaft leisten konnte..., aber, es ist auch zu dumm!", fügte er hinzu. „Was ist denn los?", fragte Ivan. „Ich war eben noch einmal im Jachthafen. Der Chefmechaniker ist noch immer nicht eingetroffen. Er hatte morgens nur schnell seine Mutter in Lubenice besucht. Als er zur Arbeit aufbrechen wollte, sprang sein alter Karren nicht mehr an. Jetzt sitzt er in Lubenice fest." „Das trifft sich doch wunderbar", warf Laura ein. Wir fahren nach Lubenice und holen ihn ab. Bei dieser Gelegenheit kann ich meinen neuen Freunden dieses reizvolle Dorf zeigen."

Ein Ausflug nach Lubenice

Schnell war der Entschluss gefasst. Die Fahrt nach Lubenice führte über eine enge Straße, die von Steinmauern eingefasst war. Im Hochsommer herrscht auf dieser Straße Hochbetrieb. Viele Touristen statten Lubenice einen Besuch ab. Dann wird die Fahrt auf dieser Straße zu einer echten Herausforderung. Denn nur an wenigen Stellen passen zwei Fahrzeuge aneinander vorbei. Trotz der vielen Kurven freute sich Pollina schon auf Lubenice. Das heute fast verlassene Dorf war bis ins hohe Mittelalter eine selbstständige Stadt. Besonders toll müsste der Anblick dieses Ortes sein, der auf hohen, steil abfallenden Felsen über dem Meer thront.

Lubenice – wie ein Adlerhorst auf dem Felsplateau

Das Auto parkten sie am Parkplatz vor dem Glockenturm. Hier stand auch der verrostete Renault 4 des herbeigesehnten Chefmechanikers. Dieser lag unter dem Auto. Nur seine Füße guckten hervor. Offensichtlich tüftelte er am Motor herum. „Der hat Etliches auf dem Buckel – das Auto meine ich", kicherte Ivan.

Die Erwartungen Pollinas wurden noch übertroffen: Bis zum Horizont ein azurblaues Meer. Nur die Bucht tief unten, sie leuchtete türkis. Ein steiler Pfad führte durch eine Fels- und Geröllandschaft zu ihr hinab. Der Ort lag still und steinern vor ihnen. Die einfachen Gebäude und ihre hellen, bräunlich-grauen Töne fügten sich perfekt in diese karge, doch gleichzeitig zauberhafte Umgebung. Es duftete stark nach Kräutern – Salbei und Thymian.

Verzaubertes Städtchen Lubenice

Obwohl Laura des Öfteren nach Lubenice kam, gefiel es ihr hier dennoch stets aufs Neue. Sie lud Pollino und Pollina zu einem kleinen Rundgang durch das Dorf ein. Lauras Vater hatte sich indessen mit dem Mechaniker beratschlagt. Er würden diesen mit seinem Auto nach Cres zur Werkstatt bringen. Später würde er die vier Kinder hier wieder abholen: „Wir treffen uns an dem kleinen 'Buffet Loza', gleich neben dem Campanile!", rief ihnen Lauras Vater zu. „Dort könnt ihr zu Mittag essen." „Äh,...Cam-pa-ni-le?", Pollino sagte sich das Wort noch einmal leise vor. – „Schon wieder vergessen, was ein Campanile ist", frotzelte Pollina ihren Bruder. „Wenn ich genau nachdenke und hinsehe, dann handelt es sich bei einem Campanile wohl um einen..., ich hab's: Glockenturm", rettete sich Pollino.

„Wie ihr bestimmt wisst, siedelten auf diesem Felskamm bereits die Liburner. Vor mehr als 3.000 Jahren bauten sie hier oben, in 378 Meter über dem Meer, eine Wallburg als Winterquartier. Eine besser geschützte Lage vor feindlichen Angriffen kann man sich kaum vorstellen. Die steile Felswand im Westen, unterhalb des Ortes, ist kaum zu überwinden. Deswegen haben sich Menschen auch später hier niedergelassen. Dabei passten sie ihre Ansiedlung den natürlichen Gegebenheiten an. Sie bauten entlang des lang gestreckten und schmalen Felskammes, der die Form des Ortes somit vorgab. Eine längere Stadtmauer benötigte die Stadt daher nur im Osten", wusste Laura über die Geschichte von Lubenice zu berichten.

Bevor ihr den Rundgang beginnt, ein Tipp: Gleich rechts am Ortseingang, gegenüber der Kirche, ist ein Plan angebracht, auf dem die Sehenswürdigkeiten der kleinen mittelalterlichen Stadt eingezeichnet sind.

Das südliche Stadttor seht ihr gut erhalten unterhalb der Straße am Ortseingang. Dieses Stadttor ist nicht sehr breit. Obwohl Lubenice im Mittelalter eine ansehnliche Stadt darstellte, konnten größere Fuhrwerke auf diesen Straßen sicherlich nicht verkehren.

Von der früheren Bedeutung der Stadt aber zeugen immer noch die fünf Kirchen und Kapellen, die es in Lubenice gibt.

„Seht nur, wie weit entfernt der Glockenturm von der Kirche steht!" Pollino deutete auf das erste Gebäude am Ortsanfang und sah ungläubig zum Glockenturm hinüber. Laura hatte eine Erklärung parat: „Tja, anfangs stand der Glockenturm ganz nah bei der Kirche des Heiligen Anton. Aber hier oben auf den Felsen toben oft kräftige Gewitter, Blitze zucken über den Himmel, der Regen prasselt und der Wind pfeift. Immer wieder schlugen Blitze in den Glockenturm ein. Sie beschädigten Turm und Kirche gleichermaßen. Im Jahr 1791 waren die Bewohner es endgültig überdrüssig, stets Reparaturen vornehmen zu müssen. Sie bauten einen neuen Glockenturm in gehörigem Abstand zur Kirche."

Oben:
Die Pfarrkirche von Lubenice
Unten:
Ein Hofeingang des mittelalterlichen Städtchens

Weiter geht es zur großen **Pfarrkirche** des Ortes, die der Gottesmutter Maria geweiht ist. Sie wurde erst im 18. Jahrhundert erneuert und auf ihre heutige Größe erweitert. Ein Zeichen dafür, dass die Pfarrkirche damals einer zahlreichen Gemeinde Platz bieten musste. Interessant ist das Gemälde über dem Altar aus dem späten 15. Jahrhundert. Dargestellt ist die Gottesmutter. Zwei Engel halten schützend einen Baldachin über Maria. Auf ihrem Haupt befindet sich eine – schwer zu erkennende – Krone aus Metall.

Eine sehr schöne Holzschnitzarbeit ist an der Kanzel angebracht. Eine feingliedrige Hand hält ein Kruzifix.

Der Weg führt euch nun zum **Brotbackofen** des Ortes. Früher schon buken hier die Bewohner ihr Brot. Und auch heute noch, wie ihr an den Holzstoß erkennen könnt, ist der Backofen in Betrieb. Einen Bäcker braucht es in Lubenice nicht unbedingt.

Nur wenige Schritte hinter dem Backofen befindet sich die **große Zisterne** aus dem 18. Jahrhundert.

Weiter führt der Weg nach Norden, vorbei an der ehemaligen Grundschule. Es bietet sich ein toller Ausblick auf das Meer und nach Norden, zur gebirgigen Halbinsel Istrien.

Gleich unterhalb der Aussichtsterrasse geht ihr durch das **nördliche Stadttor,** das ebenfalls recht schmal gebaut ist. Im Osten tut sich ein fruchtbares Tal auf. Wie früher bauen die Einwohner von Lubenice hier Salat und Gemüse an.
Von der Friedhofskapelle geht es zurück wieder durch das Stadttor. Auf der linken Seite, neben dem neuen Restaurant, entdeckt ihr eine kleine Kapelle, die von den Besitzern leider als Hühnerstall genutzt wird.

Laura, Pollino und Pollina hatten auf einer Holzbank vor der kleinen Gaststätte neben dem Glockenturm Platz genommen. Sie waren gerade dabei, Getränke sowie Schinken und Schafskäse zu bestellen, als sich ihnen eine alte, weißhaarige Frau näherte. In den Hän-

den hielt sie ein samtig weiches Schaffell sowie einige Flaschen. Sie setzte sich zu ihnen.

Ivana – die Bäuerin aus Lubenice

„Guten Tag, mein Name ist Alenka. Ich bin eine der wenigen Bewohnerinnen von Lubenice. Wie ihr seht, ist von einer Stadt nicht mehr viel übrig geblieben. Etwa 40 Menschen leben heute in Lubenice. Die jungen sind alle abgewandert, denn hier oben, abgeschieden von der Welt, lässt sich kein großes Einkommen erwirtschaften. Aber wir Alten sind geblieben, und wir werden unserem geliebten Lubenice sicher nie den Rücken kehren!

Gearbeitet habe ich mein ganzes Leben als Bäuerin, und jetzt bessere ich mit Verkäufen unserer Spezialitäten meine bescheidene Rente auf. Ich verkaufe selbst gekelterten Rotwein und Schaffelle an Touristen. Seht nur, wie golden das Schaffell schimmert!" „Wie das Goldene Vlies des Jason...", beeilte sich Pollina zu sagen „Aha, die junge Dame weiß gut Bescheid über die Geschichte der Inseln, nicht wahr?" Pollina fühlte sich geschmeichelt, sie nickte. Pollino allerdings war ziemlich ratlos. „Ich erkläre dir die Sache ein anderes Mal, du erfährst sie früh genug", beschwichtigte Pollina.
„Noch immer züchten wir Schafe, so wie es hier seit Jahrtausenden Sitte ist", fuhr die alte Frau fort: „Die Schafe versorgen uns mit Milch, woraus wir leckeren Schafskäse zubereiten. Und auch das Fleisch unserer Schafe ist sehr begehrt. Denn die Kräuter, die die Schafe auf den Weiden hier um Lubenice fressen, sind besonders schmackhaft. Wusstet ihr dass auf den kargen Steinweiden der Insel etwa 300 verschiedene Sorten Kräuter wachsen? Wir achten darauf, dass eine Weide nicht ganz von den Schafen abgegrast wird. Zur rechten Zeit bringen wir die

Der mächtige Campanile von Lubenice

Tiere zu einer anderen Weide."
„Entschuldigung, wenn ich unterbreche, aber wo halten sich denn die Schafe auf. Bisher habe ich noch nicht allzu viele auf den Weiden gesehen", wandte sich Pollino an die Frau, die sogleich antwortete: „Die Schafe sind das ganze Jahr draußen auf den Weiden zwischen den Steinmauern. Aber wenn es heiß ist oder windig, oder auch wenn es regnet, suchen sie Schutz. Sie kauern sich unter Wacholderbüsche, Gestrüpp und wo es möglich ist, unter Bäume. Wenn ihr über die Weiden wandert, dann seht ihr, dass wir Bauern an geschützten Stellen Haine gepflanzt haben. Dort haben wir auch Wasserlöcher als Schaftränken angelegt. Darin sammelt sich bei Regen so viel Wasser an, dass die Schafe meist auch im heißen Sommer darin noch Wasser vorfinden.

Lubenice: Leben wie früher

Wo war ich stehen geblieben? – Ach ja, bei den Erzeugnissen der Schafzucht: Auch der Verkauf von Schaffellen hat sich zu einem guten Nebenerwerb entwickelt. Gerne kaufen Urlauber unser 'Goldenes Vlies' als Souvenir, aber nicht nur als eine nette Erinnerung an die Insel. Denn Schaffelle halten warm, und bei euch ist es doch im Winter immer sehr kalt, nicht wahr? Man kann sie natürlich auch als Schmuck an die Wand hängen..."

In der Zwischenzeit waren auch Lauras Vater wieder aus Cres zurückgekehrt. Die Fahrt hatte den gewünschten Erfolg gebracht. Endlich hatte er das Ersatzteil für seinen Bootsmotor bekommen. Zusammen genossen sie den rohen Schinken und den herzhaften Schafskäse. Pollino vermeinte sogar, die einzelnen Kräuter der Weiden aus dem Käse herauszuschmecken. Auch die alte Frau hatten sie zu dieser Mahlzeit eingeladen. Sie erzählte ihnen noch, dass die heutige Imbiss-Stube in der einstigen Loggia des Ortes untergebracht ist.

2. Rundgang:
Die Stadt Osor – 3.000 Jahre Geschichte

Osor – 3.000 Jahre Geschichte

Blick auf Osor – Gut zu erkennen sind die Stadtmauern. Sie zeigen, wie groß die frühere Stadt einst war

„Achtung, Pollino, jetzt geht's los". Es war 9 Uhr morgens – der Brückenwärter begann, wie jeden Tag um 9 und um 17 Uhr, die große Eisenkurbel zu drehen. Ivan stand mit Pollino und vielen anderen schaulustigen Touristen aus aller Herren Länder auf der Brücke von Osor. Die Brückenenden begannen sich von der Asphaltstraße Richtung Meer zu entfernen. Nur etwa zwei Minuten würde es dauern, bis die Drehbrücke parallel zum Kanal stand, der die Inseln Lošinj und Cres voneinander trennt. Die Burschen freuten sich darauf, die Boote so ganz aus der Nähe vorbeifahren zu sehen.

„Diesen Kanal nennen wir Einheimische **Kavuada**. *Das Wort kommt vom italienischen 'cavare' – ausgraben. Die Kavuada hat es schon zu Zeiten der Römer gegeben. Wahrscheinlich haben die Osorer damals Zollgebühren für die Schiffe verlangt, die den Kanal benutzten.*
Osor hieß in der Antike 'Apsorus' und war ein bedeutender Seehafen. Dieser Hafen lag gut geschützt vor der Bura." – „Bura?", unterbrach Pollino, du meinst die Bora, oder, den starken Wind aus Nordosten?". „Ja genau, kroatisch heißt dieser Wind Bura", antwortete Ivan.

Kleines Lexikon der Winde

Auf dem Archipel Cres-Lošinj gibt es eine Unmenge verschiedener Winde. Die Seefahrer und Fischer haben ihnen allen einen Namen verliehen. Nachfolgend findet ihr die wichtigsten Winde aufgelistet und beschrieben.

Der absolut angenehmste Wind ist der *Maestral,* der Schönwetterwind. Er bläst mit leichter bis mittlerer Stärke an Tagen mit schönem und stabilem Wetter aus nordwestlicher Richtung.

Der *Maestral* entsteht durch die Temperaturunterschiede zwischen Meer und Land, das im Tagesverlauf von der Sonne immer mehr aufgeheizt wird. Es bildet sich ein Wind, der vom Meer in Richtung Land weht. Zwischen Mittag und Nachmittag, wenn die Sonne die meiste Kraft hat, bläst der *Maestral* am stärksten. Der Wind beginnt am Vormittag und endet vor Sonnenuntergang. Bei *Maestral* wird auch die größte Sommerhitze erträglich.

Wind aus Südosten kündigt fast immer ein Regengebiet an. Der so genannte *Jugo*, Südwind – oder wie er auf Italienisch bezeichnet wird: *Scirocco* (gesprochen: Schirokko) – bringt feucht-warme Luft mit sich. Er bläst über 36 bis 48 Stunden und steigert sich langsam und gleichmäßig. Lange und hohe Wellen schiebt er vor sich her. Dann, kurz vor dem Regen, hört der Wind auf.

Der *Lebić* ist ein starker Südwestwind, der sich aus dem Jugo entwickelt. Im Sommer bildet er sich urplötzlich und erreicht Orkanstärke. Er verursacht hohe Wellen und bringt heftige Unwetter.

Der bekannteste und gleichzeitig sagenumwobenste Wind in der Adria ist die *Bora,* oder wie man sie auf den Inseln nennt: *Bura.* Dieser Wind bläst stürmisch

aus nordöstlicher Richtung und ist bei allen Wassersportlern und auch bei den Fischern gefürchtet. Denn der Wind erreicht Geschwindigkeiten bis zu 180 Stundenkilometer. Er bildet sich in Folge kühler oder kalter Luftmassen über dem Velebit, dem Küstengebirge am Festland, dessen Berge teilweise über 1.700 Meter hoch sind. Die kalte Luft saust dann das Gebirge hinab, aufs wärmere Meer hinaus. Bei starker Bora fliegt Wasser über die Meeresoberfläche. Zudem ist der Wind sehr böig. Aber einen großen Vorteil hat die Bora: Sie bendet schlechtes Wetter auf den Inseln. Binnen weniger Stunden schafft sie es, die dicksten Regenwolken zu vertreiben. Der Himmel klart auf und das Meer wird stahlblau. Dann herrscht eine gute Fernsicht, die Horizont zeichnet sich genau ab.

Die *Tramontana* (übersetzt: „Über die Berge hinweg"). bläst heftig aus Norden. Sie ist der Vorbote der Bora.

Aus Osten, von der Küste des Festlands her, kommt der *Levant.* Er ist ein kalter Winterwind, der schlechtes Wetter, manchmal sogar Schnee bringt.

Lange, hohe Wellen baut der „Jugo" auf

Ivan fuhr fort: „Im Altertum war Osor eine reiche Stadt, in der etwa 15.000 Menschen lebten. In der schönen Gegend mit ihrem milden Klima haben sich die Begüterten prunkvolle Landvillen gebaut. Die Stadt verdankte ihren Reichtum in erster Linie ihrer verkehrsgünstigen Lage als Seehafen. Von hier führte die einzige Strecke in der Oberen Adria über das Meer von und nach Italien. Die Handelsschiffe und auch die Kriegsschiffe fuhren zu damaligen Zeiten nur wenn es notwendig war, und um große Umwege zu vermeiden, übers offene Meer. Die Kapitäne zogen ruhige, vor starken Winden geschützte Gewässer vor und segelten der Küste entlang. Das lag an der damaligen Segeltechnik. Nur bei Wind von achtern – dem, der übers Heck in die gewünschte Fahrtrichtung blies – konnten die Schiffe segeln. Ansonsten mussten sie im Hafen bleiben.“ „Stimmt!“, bekräftigte Pollino, „aber das änderte sich im 15. Jahrhundert. Da hat man das 'Kreuzen' erfunden. Ab diesem Zeitpunkt konnten Schiffe auch gegen den Wind fahren: Im Zick-zack-Kurs.“

Der Kanal von Osor. Im Sommer campen die Urlauber direkt am Kanal

Das Meer funkelte in der Morgensonne. Luxus-Motorjachten, Segelboote, kleine Fischerboote und auch Gummiboote warteten nördlich und südlich der Kavuada, um den Kanal passieren zu können. Jetzt war die Brücke, über die normalerweise der Autoverkehr rollt, ganz zur Seite gedreht. Zuerst setzten sich die kleinen,

dann die großen Boote in Bewegung. Eines nach dem anderen fuhr langsam durch den Kanal. „Die Fahrrinne ist nur knappe 12 Meter breit, 120 Meter lang und an der seichtesten Stelle 2 Meter tief. Es heißt, nicht zu schnell fahren, aber auch nicht zu langsam – darin besteht die Kunst, denn sonst spült dich die Strömung gegen die Ufermauern." Kaum hatte Ivan ausgesprochen, war auch schon ein krachendes Geräusch zu hören - rumps - der Kapitän eines Segelbootes hatte nicht aufgepasst und sein Boot war gegen die Ufermauern gedrückt worden: „Ssss.., das schöne Holzschiff! Es ist steuerbord stark beschädigt. Der Kapitän muss schleunigst eine Werft ansteuern. Gott sei Dank ist die Werft von Nerezine nicht weit. Dort gibt es erfahrene Bootsbauer, die das Schiff reparieren werden. Die sind auf Holzboote spezialisiert." Ivan kannte einige Werftarbeiter, die nach Feierabend hin und wieder ins Restaurant seines Vaters kamen, um ein Glas kühlen gespritzten Weißweins zu trinken.

„Was soll denn an der Kanaldurchquerung der Boote so spektakulär sein, dass sich so viele Menschen versammeln?" Pollina und auch Laura konnten die Aufregung der vielen Schaulustigen um die Öffnung der Drehbrücke so gar nicht verstehen. Die Geschwisterpaare waren schon am frühen Morgen mit dem Bus nach Osor gefahren, um die ehemalige, uralte Stadt zu besichtigen.
Die beiden Mädchen standen gegenüber der Brücke an der Stadtmauer, die ihnen viel mehr Spannung versprach: „Siehst du die großen Quadersteine unten in der Mauer?", fragte Laura. „Diese Steine stammen von der ersten Stadtmauer, die die Liburner vor etwa 3.000 Jahren um Osor gezogen hatten. In der liburnischen Siedlung wurde ein lebhafter Handel getrieben. Sie lag am so genannten „Bernsteinweg". Dieser begann an der Ostsee und führte bis nach Griechenland. Bernstein ist ein hellgelbliches bis bräunliches versteinertes Quarzgestein. Große Vorkommen davon gibt es im Baltikum. Von dort transportierte man ihn im Altertum in den Mittelmeerraum, wo er als Schmuckstein bei den Frauen sehr begehrt war. Die Völker aus dem Norden tauschten ihn gegen Olivenöl, Wein und andere Waren.

Die Stadtmauer

„Die Quadersteine der Liburner wurden auch von den späteren Herrschern über die Stadt immer wieder für den Bau von neuen Stadtmauern verwendet. Die kleineren Steine in der Mauer stammen entweder aus römischer oder venezianischer Zeit, als die heutige Stadtmauer entstand: Wenn man genau hinguckt, erzählt die Stadtmauer die Geschichte der Stadt – als wären die Mauern lebendig wie die Blumen, die aus ihr herauswachsen.“ Laura war nun ganz in ihrem Element. Schon viele Klassenausflüge hatten sie hierhergeführt, und ihre Klassleiterin hatte ihnen eine Menge interessanter Geschichten über die alte Stadt Osor erzählt.

Laura erzählt die Geschichte Osors

Das Wappen Osors

„Wie du sicher bereits weißt, Pollina, gehörten die Inseln Cres und Lošinj zum antiken Römischen Reich (s. Begriffserklärungen). Die größte und reichste Stadt auf den Inseln war damals Apsorus. Dieser antike Name Osors geht wiederum auf eine alte griechische Sage zurück, die der griechische Schriftsteller und Gelehrte Apollonius von Rhodos als „Argonautensage” verfasst hat. „Warte, warte, Laura! Pollino hat noch nie vom 'Goldenen Vlies' gehört. Er will sich diese Erzählung sicher anhören. Pollina rief nach ihrem Bruder. Als er und Ivan eingetroffen waren, erzählte Laura die gruselige Legende der Argonauten, wie sie die Menschen auf den Inseln über Jahrtausende weitergegeben haben.

Die Sage von Jason und Medea

König Aietes aus Kolchys, einem Land am Kaukasus-Gebirge, besaß ein ganz besonderes Widderfell. Dieses so genannte Vlies war aus Gold. Dem tapferen Jüngling Jason gelang es durch List und Geschick, vor allem aber mit Hilfe der Königstochter Medea, die sich unsterblich in ihn verliebt hatte, sich des wertvollen Vlieses zu bemächtigen. Auf seinem Schiff, der Argo, floh Jason in Begleitung Medeas und seiner Männer. Der Königssohn Apsyrtes, der Bruder Medeas, nahm die Verfolgung auf. Medea jedoch lockte ihn in einen Hinterhalt, wo er von Jason ermordet wurde. Medea zerschnitt den toten Leib ihres Bruders Apsyrtes und warf ihn ins Meer. Aus den einzelnen Körperteilen soll die Inselgruppe um Cres und Lošinj entstanden sein – 'Apsyrtides' genannt.

Pollino und Ivan blickten entsetzt ihre Schwestern an: „Medea war die grausamste, schrecklichste und niederträchtigste aller Schwestern, die es bisher gegeben hat!", schimpfte Pollino und konnte sich gar nicht mehr beruhigen. „Halb so schlimm, ihr beiden!", beruhigte Pollina. „Wir sind dafür die liebsten Schwestern, die es bisher gegeben hat – außerdem ist diese Erzählung doch nur eine Sage."

Die Bucht nördlich von Osor

„Berichte uns lieber von den goldenen Zeiten Osors anstatt von goldenen Schaffellen!", forderte Ivan seine Schwester auf. „Wenn man heute durch diesen kleinen Ort geht, kann man sich kaum vorstellen, dass Asporus in der Antike zeitweise die zweitgrößte Stadt an der Ostküste der Adria – nach Pula war", fuhr Laura fort. „Hier gab es öffentliche Bäder, Thermen und auch ein Aquädukt, auf dem

Wasser für die Bevölkerung in die Stadt geflossen kam. Die Stadt wurde von einer mächtigen Stadtmauer mit Wehrtürmen und großen Stadttoren geschützt. Dabei haben die Römer die bereits bestehende Mauer der Liburner einfach nur erweitert.

Auch nach dem Zerfall des antiken Römischen Reiches blieb Osor die Hauptstadt der Inseln. Im 6. Jahrhundert wurde die Stadt zum Bischofssitz.
Im 9. Jahrhundert wurde die Stadt von Arabern angegriffen und stark zerstört.

Als die Inseln im 15. Jahrhundert ganz an Vendig fielen, war Osor ein reiches Verwaltungszentrum und Bischofsstadt. Der „Conte e Capitano", der venezianische Verwalter der Inseln, residierte zunächst in Osor. Doch schon bald neigten sich die goldenen Zeiten der Stadt dem Ende zu. Die Stadt verfiel binnen weniger Jahre. Das hatte vor allem zwei Gründe: Erstens konnten die Schiffe mit Hilfe der neuen Segeltechnik, dem Kreuzen, auch längere Strecken ohne Zwischenstopps zurücklegen. Immer größere Schiffe wurden nun gebaut. Es gab nun keinen Grund mehr, nur entlang der Küste zu segeln und so wurde der Kanal zwischen den Inseln nicht mehr so häufig benutzt. Zweitens – und das war noch gravierender – wurde die Stadt von Epidemien heimgesucht, die Tod und Verderben brachten: Zunächst wütete die Pest, und dann rang die Malaria den Ort nieder. Der Großteil der Bewohner starb. In dieser Zeit, in der zweiten Hälfte des 15. Jahrhunderts, verlegten sowohl der Bischof als auch der venezianische Fürst ihre Wohnsitze in die Stadt Cres. Doch obwohl die Einwohnerzahl Osors stetig weiter schrumpfte, blieben die wenigen Osorer Patrizier reiche und einflussreiche Herren. Denn langsam begann der Reichtum der Lošinjer Dörfer zu wachsen, und die unterstanden wiederum der Verwaltung Osors."

3 Habt ihr den **Löwen an der Stadtmauer** vis-a-vis des Kanals entdeckt? Dieser Löwe mit dem Buch in den Pranken ist ein Markuslöwe. Der Löwe stellt den heiligen Markus, den Schutzheiligen der Stadt Venedig,

dar und ist gleichzeitig ein Zeichen ihrer Herrschaft. Überall dort, wo die Venezianer herrschten, wurden Markuslöwen aufgestellt. Hier seht ihr einen Löwen mit aufgeschlagenem Buch. In diesem Buch steht auf Lateinisch: „Pax tibi, Marce, evangelista meus" – Friede sei mit Dir, Markus, mein Evangelist (Evangelist, *s. Begriffserklärungen*). Aber wehe der Löwe wurde mit geschlossenem Buch dargestellt! Das hieß: Venedig befand sich gerade in einem Krieg. Mit der Friedfertigkeit des Löwen war es dann vorbei: Grimmig blickt ein solcher Löwe drein, und er fletscht die Zähne.

Euer Weg führt die Stadtmauer entlang Richtung Norden, wo er schließlich nach rechts abbiegt. Auf der linken Seite steht ein verfallenes Haus, dessen

4 **Fensterstöcke** sehr interessant sind. Den seitlichen Abschluss bildet ein kunstvolles Steinrelief. Es handelt sich um ein Bruchstück eines Kunstwerks, das einst zu einem anderen Gebäude gehörte.

Der kunstvolle Fensterstock – ein Bruchstück aus einem alten Kunstwerk

Auf eurem Rundweg durch Osor begegnet ihr immer wieder solchen Steinreliefs oder Steinen, die aus ihrem einstigen Zusammenhang herausgenommen wurden und dann einen neuen Platz, etwa an Häuserwänden oder Grundstücksmauern gefunden haben. In den meisten Fällen, so auch bei dem Haus vor euch, weiß man allerdings nicht, von welchem Bauwerk das betreffende ursprüngliche Werk stammt. Aber Augen auf: Es gibt in der Stadt eine ganze Menge davon!

Die Bischofsstadt Osor

5 Ihr gelangt nun zur ehemaligen **Benediktinerabtei** Sankt Peter. Übrig geblieben von diesem Kloster ist nur die Ruine der Kirche, die leider dem völligen Verfall preisgegeben scheint. Einst war sie Teil einer großen Klosteranlage des Benediktinerordens. Gegründet wurde dieser Orden, der seinen Hauptsitz

in der italienischen Stadt Montecassino hat, vom heiligen Benedikt. Die Benediktiner haben sich im 11. Jahrhundert in Osor niedergelassen. Als das Leben im Kloster blühte, war auch die Kirche etwa doppelt so groß, wie die Ruine heute vermuten lässt. Die Kirche besaß ein Mittelschiff und zwei Seitenschiffe. Jedem Schiff war eine Apsis *(s. Begriffserklärungen)* angebaut. Das Kloster wurde jedoch im 15. Jahrhundert, als die Malaria wütete, vom Orden aufgegeben.

6

Wie Sankt Peter so war auch **Sankt Maria** einst ein größerer Kirchenbau. Die unscheinbar wirkende Kirche im Friedhof war die ehemalige Kathedrale, die Bischofskirche von Osor, der auch ein Bischofspalast angegliedert war.

„Vom ursprünglichen Bau ist nur mehr das Mittelschiff stehen geblieben. In der Außenwand seht ihr noch die Bögen, die das Mittelschiff vom Seitenschiff abgrenzten." Die vier Freunde gingen die östliche Außenwand der Kirche entlang, während Laura die Mauerreste, die hier zu sehen waren, erläuterte. Das Mittelschiff hatte eine große Apsis. Darin befanden sich die so genannte Kathedra, der Sessel des Bischofs, sowie das Gestühl für die Geistlichen und der Altar. Obwohl die Kirche früher also deutlich größere Ausmaße hatte, war sie dennoch nicht so groß wie andere, riesige Kathedralen und Basiliken (Basilika, s. Begriffserklärungen), die ihr kennt. Diese Kirche erlebte ihre Glanzzeit um das Jahr 1000 mit dem Bischof Gaudentius. „Kennt ihr die Geschichte dieses Heiligen der Schlangen?" Laura wandte sich fragend zu ihren drei Begleitern um. Doch wo waren ihre Zuhörer geblieben? Ivan war inzwischen mit Pollina an den östlichen Rand des Friedhofs gegangen und zeigte ihr von dort die unheilvolle Gegend, die Osor aussterben lies.

„Die Malaria war schuld am Niedergang Osors. 'Malaria' bedeutet auf Italienisch 'schlechte Luft'. Doch es war nicht die Luft, die die Leute dahinraffte, sondern das Unheil kam aus der Luft angeflogen. Siehst du das moorige Gebiet im Südosten der Stadt? Die Venezianer hatten dort eine Saline angelegt, wo Salz aus dem

Meer gewonnen wurde. Doch bald schon wurde die Saline wieder still gelegt und es entwickelte sich eine Sumpflandschaft, in der sich die Anopheles-Mücke ansiedelte. Diese Stechmücke verbreitete die Malaria, eine Krankheit, die wie eine Grippe beginnt. Im Verlauf der Krankheit treten immer wieder heftige Fieberschübe auf. Auch heutzutage endet diese Krankheit ohne spezielle Behandlung tödlich. Aber damals wusste man nichts über diese Art der Erkrankung. Die Venezianer dachten, schlechte Luft verursache den Tod der vielen Menschen. Sie rissen die alten Stadtmauern ein, um die Stadt zu lüften. Doch es half nichts. Immer mehr Menschen starben, und daher beschloss man, den ganzen östlichen Teil der Stadt aufzugeben. So wurde auch diese alte Kathedrale von Sankt Maria immer weniger genutzt. Sie verfiel langsam, und nur dieses kleine Gebäude blieb übrig. Um die kleiner gewordene Stadt zogen die Venezianer dann eine neue Stadtmauer. Osors Schicksal aber war besiegelt. Mitte des 16. Jahrhunderts lebten hier nur noch etwa 500 Menschen. Im Jahr 1750 waren es 250. Aus der einstigen Stadt was ein Dorf geworden, das heute nur noch etwa 100 Einwohner zählt.

Pollino war indessen in die Ruine des früheren Baptisteriums, die Taufkapelle, hinabgestiegen. Immer wieder bückte er sich und tastete mit seinen Händen im Gras und unter Steinen: „Aua, Hilfe!" Schon war es passiert! Pollino hatte nicht aufgepasst und war rücklings in ein auffallend geometrisch geformtes Loch gefallen. „Willst

du ein zweites Mal getauft werden, lieber Bruder?", witzelte seine Schwester, die Pollinos Suche auf allen Vieren beobachtet hatte.
Auch Ivan und Laura amüsierten sich auf Kosten des allzu neugierigen Pollino: „Hier sind bestimmt irgendwo Mosaiken aus der Römerzeit zu finden. Schließlich hat man auch die Kirche auf einem antiken Gebäude errichtet, dessen Fußboden mit einem wundervollen Mosaik bedeckt war. Reste davon sind noch in der Kirche zu sehen. – Aber helft ihr mir jetzt endlich heraus – freundlicherweise?!
Und überhaupt, was soll das heißen: 'Willst du ein zweites Mal getauft werden'?!" „Ganz einfach, du stehst gerade in einem christlichen Taufbecken aus dem 6. Jahrhundert", erklärte Pollina, während sie ihren Bruder an den Händen packte und herauszog. „Na wenigstens war kein Wasser drin, sonst wäre ich...

Aber, ist dieses Taufbecken nicht ein bisschen groß und tief?", fragte Pollino verdutzt. „Nein, nein, die Taufe vollzog man in jener Epoche ganz anders als heute. Nur Erwachsene konnten in das Christentum eintreten. Und damals nahm man die Taufe, das heißt die Reinwaschung von allen Sünden, sehr wörtlich. Der erwachsene Täufling, den man mit dem griechischen Wort 'Katechumene' bezeichnet, stieg in das Taufbecken und wurde vom Priester dreimal nacheinander untergetaucht. Taufen fanden nur einmal im Jahr statt, in der Nacht von Ostersamstag auf Ostersonntag, und nur der Bischof persönlich vollzog sie", berichtete Laura, die bei dem Gedanken an ein frisches Nass den Vorschlag machte, in der nahen Bucht Bijar schwimmen zu gehen.

„Nur gut, dass es auf den Inseln keine Schlangen gibt, vielleicht hättest du sonst in dem Taufbecken eine sehr unangenehme Bekanntschaft gemacht", kicherte Laura. Auf dem Weg nach Bijar erzählte sie die Legende des heiligen Gaudentius, der die Schlangen von den Inseln für immer vertrieben hat.

„Gaudentius wurde im 11. Jahrhundert in einer Ansiedlung nahe Osor geboren. Als junger Mann trat er in den Benediktinerorden ein. Die Menschen auf den Inseln haben noch heute größte Achtung vor ihm. Er war sehr weise und führte das fromme und wohltätige Leben eines Heiligen. Gaudentius wurde schließlich zum Bischof von Osor gewählt. Aber er war kein bequemer Geistlicher: Heftig und immer wieder prangerte er die verschwenderische und unmoralische Lebensweise von Osorer Bürgern an. Diese wurden seiner Kritik mit der Zeit überdrüssig und vertrieben den Kirchenmann aus Osor. Gaudentius zog sich als Einsiedler in eine Höhle auf dem Osoršćica-Gebirges (das spricht man Osorsch-tschitsa), überhalb von Osor zurück. Man sagt, er habe diesen Ort ausgesucht, damit er

von dort oben weiterhin über seine Stadt wachen konnte. Auf dem Berg soll er die Giftschlangen verflucht haben, so dass sie gänzlich von der Insel verschwanden. Bis heute gibt es auf den Inseln Cres und Lošinj keine Giftschlangen! Nach seinem Tod wurde Gaudentius heilig gesprochen, und die Osorer erwählten ihn zum Schutzheiligen ihrer Stadt.

Die Bucht Bijar

Der Weg führt euch vorbei an den Ruinen eines alten **Franziskanerklosters**. Hier stand ursprünglich eine kleine Marienkirche, die ein italienischer Adeliger bauen ließ, der sich in Osor niedergelassen hatte. Seine Familie schenkte diese Kirche, zusammen mit einem kleinen Haus und einem Garten, im Jahr 1460 einem Franziskanermönch, der vom Festland vor heranrückenden Türken auf die Insel geflohen war. Er hieß Matthäus und stammte aus Bosnien. Der Pater gründete mehrere Klöster auf der Insel sowie in Istrien und in Dalmatien. Stetig wurde am Kloster gebaut und mit der Zeit entstand eine ansehnliche Anlage. An der Kirchenruine findet ihr mehrere glagolitische Inschriften, die über Bautätigkeiten am Kloster und seiner stetigen Vergrößerung berichten.

Die Kirche des verfallen Klosters – noch immer sieht man die Gräber

'Bijar' – schon in der Bronzezeit suchten in dieser steil abfallenden Bucht Schiffe Schutz vor der mächtigen Bora. Bis nach Bijar reichte die antike Stadt Apsorus. Hier gingen römische Galeeren und Handelsschiffe vor Anker. So wird auch der Name Bijar verständlich: Er leitet sich vom altvenezianischen Wort „vier" – *alt* ab. Vielleicht war Bijar sogar schon zu Zeiten der Liburner ein

richtiger Hafen. Unter der Wasseroberfläche stehen noch immer Pollern, an denen Schiffe in der Vergangenheit, als der Meeresspiegel niedriger war, angetäut wurden.

Der Weg zurück in die Stadt schlängelt sich durch eine Landschaft, die von Mauern durchzogen ist. Das ganze Gebiet, das von den Einheimischen vor allem als Weideplatz für Schafe genutzt wird, ist eine archäologische Zone. Die Erde birgt eine Fülle an Überresten aus der Antike.

Zurück in der Stadt

Die Stadtmauer, die die Venezianer um die von der Malaria verseuchte Stadt zogen, seht ihr am Stadteingang. Richtung Norden ist die Stadtmauer noch sehr gut erhalten.
8 Der **Markuslöwe**, der in das Haus eingemauert ist, war einst Teil des Stadttors, das sich hier befand. Auch er ist ein friedlicher Löwe. An diesem Haus könnt ihr genau sehen, wie hoch die Venezianer die Stadtmauer gebaut hatten.

Die Straße, auf der ihr euch jetzt befindet, war schon im römischen Apsorus die Hauptstraße des Ortes. Daran hat sich seit der Antike nichts geändert. Von den Römern wurde sie *Via Decumanus* genannt: Hauptstraße eines Provinzortes. Seht ihr die kleine Nische mit dem Glasfenster in der Mauer? Was könnte eurer Meinung nach die Funktion des runden Marmorsteines gewesen sein? Vielleicht diente er ja als Brunnenrand?

Die Bronze-Skulpturen entlang der Straße behandeln das Thema Musik und Musiker. Sie wurden von einem berühmten kroatischen Bildhauer in den 70er Jahren des vergangenen Jahrhunderts geschaffen. Osor ist berühmt für seine klassischen Musikkonzerte, die in den Sommermonaten stattfinden.
Der Hauptplatz von Osor war auch in römischer Zeit der Marktplatz der Stadt, das so genannte „Forum".

Oben: Der venezianische Löwe
Darunter: Das Kreuz war sicherlich früher an einer anderen Stelle angebracht

Inmitten des Platzes seht ihr eine große Zisterne, die bis 1959 das Wasserreservoir des Ortes bildete. Unter dem Brunnen befindet sich ein großes Becken, in dem das Regenwasser gesammelt wurde und den Bewohnern zur Verfügung stand.

Die Sage vom Vrana-See

„Erst seit 1959 gibt es eine große Wasserleitung auf den Inseln. Sie versorgt die Gemeinden auf den Inseln Cres und Lošinj mit Trinkwasser aus dem Vrana-See auf der Insel Cres", wandte sich Laura an Pollina. „Hast du den See bei eurer Anreise von der Straße aus gesehen? – Meistens ist die Oberfläche des Sees, der tief unten wie in einem Krater liegt, spiegelglatt. Aber bei Regen und Sturm wird es dort richtig unheimlich: Der See ist ganz aufgewühlt, und dann ist auch das gruselige Schluchzen einer Frau zu hören. An dem See sollen, so erzählt man sich, früher zwei Schwestern gelebt haben. Die eine war sehr reich und besaß am Rande des Sees ein herrliches Schloss. Die andere litt Not. Die reiche aber war böse und habgierig und verweigerte ihrer armen Schwester jegliche Hilfe. Da stieg das Wasser des Sees und verschlang das Schloss mitsamt seiner Besitzerin. Geblieben ist nur ihr Wehklagen, wenn Stürme um den See tosen."

Osor regiert

Der Hauptplatz von Osor bekam seine heutige Form bereits im 15. Jahrhundert. Zuerst wurde das Rat-
9 haus, das heute das **Archäologische Museum** beherbergt, gebaut. In den oberen Räumen des Rathauses versammelte sich der Bürgerrat, den die Patrizier, die alteingesessenen und reichen Bürger Osors, stellten. Über der Fassade ist ein kleiner Glockenturm angebracht. Die Glocke wurde geläutet, um die hohen Herren der Stadt zu Sitzungen einzuberufen. Als die Inseln dann in den Machtbereich Venedigs fielen, führte der venezianische *Conte e Capitano* den Vorsitz der Ratsversammlungen der Osorer Patrizier. Der venezianische Fürst kam zu den Ratsversammlungen, auch nachdem er seinen Wohnsitz in die Stadt Cres verlegt hatte. Schließlich verwalteten die Osorer Adeligen die Orte Mali und Veli Lošinj, deren Bürger mit der Zeit immer mehr Reichtum anhäuften.

Die römische Grabplatte ist ein einzigartiges Stück

Das Untergeschoss des Gebäudes war früher die Loggia, der überdachte Treffpunkt und Markt für die Bewohner des Ortes. Heute dient die Loggia als *Lapidarium* – mit diesem Begriff bezeichnet man eine Sammlung von Steindenkmälern –, in dem einzigartige Zeugnisse aus der Antike und dem Mittelalter ausgestellt sind.
Da ist zum Beispiel die Grabplatte eines römischen Militärbefehlshabers. Er starb in Osor und wurde hier auch begraben. Auf der Grabplatte ist sein Portrait zu sehen. Die lateinische Inschrift besagt, dass er Kommandant auf einer Liburne, einem kleinen wendigen Kriegsschiff, war.

„Komm mal mit, Pollino: Siehst du die schmale, kleine Tür an der Rückwand der Loggia? Durch diese Tür hat man früher die Übeltäter bugsiert. Dahinter befand sich das Gefängnis."

Im Obergeschoss, wo einst die Osorer Räte tagten, werden heute Fundstücke aus der Frühgeschichte der Menschheit, der Antike sowie dem frühen Mittelalter ausgestellt.

Begeistert sahen sich die beiden Burschen im Obergeschoss die ausgestellten römischen Marmorbüsten an. Vor allem Augustus, der erste Kaiser Roms, imponierte ihnen mächtig.

Zwischen den Ausstellungsstücken befindet sich auch das Steinrelief (Relief, s. *Begriffserklärungen*) der „Osorer Taube", eine etwa 1.000 Jahre alte Steinmetzarbeit. Auch von ihr weiß man jedoch nicht, aus welchem ursprünglichen und übergreifenden Kunstwerk sie herstammt.

Die Steinplatte des „Osorer Credos" ist ein einmaliges christliches Dokument aus spätantiker Zeit. Bei der lateinischen Inschrift handelt es sich um einen der ältesten Texte des Glaubenbekenntnisses. Wahrscheinlich hing diese Tafel einst in der alten Kathedrale oder in der Taufkapelle, denn jeder Täufling musste das Glaubensbekenntnis vor der Taufe aufsagen.

Zudem findet ihr in diesem Museum viele Ausstellungsstücke, die über das Leben in der Antike Auskunft geben. Angefangen von römischen Münzen über Vasen und Gläser bis hin zu damals gefertigten Dachziegeln.

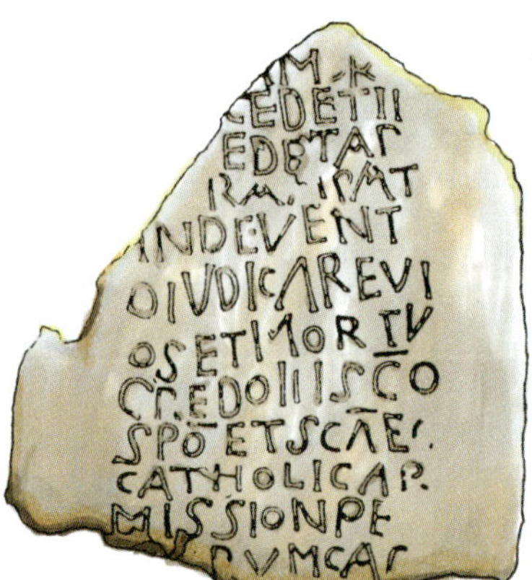

Pollinos und Ivans Aufmerksamkeit richtete sich ganz auf den gut erhaltenen Einbaum: „Kaum vorstellbar, dass die frühen Inselbewohner mit solch kleinen und wackeligen Booten Fahrten auf dem gewaltigen Meer unternahmen", grübelte Pollino.

Kunstwerke in Stein

Wie ihr bereits wisst, wurde der östliche Stadtteil, in dem die alte Bischoskirche lag, in Folge der Malaria aufgegeben. Zwischen 1463 und 1498 errichteten die Osorer eine neue **Kathedrale**. Und das obwohl der Bischof der Stadt den Rücken gekehrt hatte.
Die Kirche ist im Stil der Renaissance *(s. Begriffserklärungen)* gebaut. Wie perfekt sich die Fassade in das Gesamtbild dieses Ortes einpasst: Ihre Formen sind klar, einfach und doch imposant. Die Bögen des Obergeschosses bilden ein dreiblättriges Kleeblatt: Auf dem höchsten Punkt thront Christus mit dem Kreuz. Links auf einer Konsole seht ihr eine weitere Statue: den heiligen Nikolaus. Auf der gegenüberliegenden Seite befand sich früher eine Steinfigur des Schutzheiligen der Stadt, dem heiligen Gaudentius. Sie fiel jedoch im Zweiten Weltkrieg einem Bombenangriff der Engländer zum Opfer. In Osor vermuteten nämlich die Engländer ein Waffenlager der Deutschen. Bei den Explosionen wurde die Kathedrale schwer beschädigt. Und erst vor wenigen Jahren wurde sie wieder instand gesetzt.

Die Kathedrale am Hauptplatz

Der Kircheninnenraum führt die äußere Gestaltung des Bauwerks fort: Auch er wirkt harmonisch, klar und hell. Der Altar stammt aus dem 18. Jahrhundert und birgt Reliquien *(s. Begriffserklärungen)* des heiligen Gaudentius. Hinter dem Hauptaltar seht ihr ein Gemälde des bekannten italienischen Malers Andrea Vicentino, der die Muttergottes mit den Heiligen Gaudentius und Nikolaus dargestellt hat. Auf dem Bild sind auch die Stifter, diejenigen, die das Gemälde in Auftrag gaben, zu sehen.

Eine Besonderheit befindet sich in der Sakristei der Kirche: Die bemalte Holztruhe beherbergte einst den

Leichnam des heiligen Gaudentius. Sie ist deswegen so beschädigt, weil viele Osorer versucht haben, mit Messern oder anderen Instrumenten, ein Teilchen von dem Sarg als Glücksbringer zu ergattern!

11

Ihr geht die Hauptstraße weiter Richtung Kanal und trefft auf der linken Seite auf die **Kirche Sankt Gaudentius**, die noch vor der Kathedrale Sankt Maria im 15. Jahrhundert im gotischen Stil (Gotik, *s. Begriffserklärungen*) erbaut wurde.

Das Relief an der äußeren Kirchenwand von Sankt Gaudentius

„Ui, Laura sieh mal, was für ein kunstvolles Relief: Aus dem Maul eines Tieres wachsen Pflanzenranken mit einem großen Blatt, einem Greif und einem Lamm ..." Pollina hatte ein phantsievolles Steinrelief an der Außenwand der Kirche entdeckt. Auch hierbei handelt es sich wiederum um ein Bruchstück. Dieser Stein schmückte einst wahrscheinlich ein religiöses Gebäude, das verfiel, und so hat man ihn hier in diese Kirchenmauer eingefügt.

„Du musst wissen: Osor ist berühmt für seine Reliefs (s. Begriffserklärungen), die von kroatischen Steinmetzen vom 8. bis ins 11. Jahrhundert geschaffen wurden. Meisterhaft verstanden sie es, kunstvolle Verzierungen in Stein zu meißeln, die Tiere, Pflanzen und geflochtene Bänder zeigen. Auch die Osorer Taube im archäologischen Museum ist ein Beispiel für diese Arbeiten. Im Bischofspalast, der sich gegenüber befindet, werden wir noch einige zu sehen bekommen", erklärte Laura.

Im Innern der Kirche zeigt das Altarbild den heiligen Gaudentius, den Bischof von Osor, zu dessen Füßen eine Schlange abgebildet ist. Ihr wisst inzwischen ja, welches Schicksal den Giftschlangen auf den Inseln widerfuhr. Zu sehen ist außerdem eine Ansicht von Osor und dem Meer, auf dem ein Segelschiff fährt.

Hinter dem Altar begegnet ihr dem Heiligen nochmals: Die sitzende überlebensgroße Holzfigur ist beeindruckend. Gaudentius hat die Hand zum Segen erhoben – manche Osorer behaupten aber, die Segensgeste mit den drei Fingern bedeutete einen Fluch. Der Heilige hatte die Osorer ja immer zu einem gottgefälligeren Leben ermahnt, woraufhin sie ihn aus ihrer Stadt vertrieben. Die drei Finger sollten nun anzeigen, dass die verderbte Stadt zugrunde gehen muss, bis nur noch drei lebendige Seelen hier weilen.

12 Gegenüber der Kirche befindet sich der **ehemalige Bischofspalast,** der zeitgleich mit der Kathedrale Sankt Maria entstand. In diesem Bischofspalast weilten die Bischöfe aber nur selten, denn, wie ihr ja wisst, hielten sie sich die meiste Zeit in Cres auf.

Die Holzstatue des heiligen Gaudentius befindet sich hinter dem Altar

Pollina und Laura betraten das Museum, in dessen Erdgeschoss ein weiteres Lapidarium eingerichtet war. Ihre Brüder waren bereits vor ihnen angekommen. Pollino betrachtete gerade einen eigenartigen steinernen Stuhl: Die Armlehnen sahen aus wie dünne Mauern; die Rückenlehne war verziert mit einem Relief, auf dem zwei Pfaue und ein weiteres, aber kaum zu benennendes Tier zu sehen waren. Quer darüber befand sich ein Stein mit einem sehr schön gearbeiteten Muster; darüber ein Stein, der eine Bischofsmütze darstellte.
Laura erklärte ihm, dass es sich dabei um einen Bischofsstuhl, eine so genannte Kathedra, handelte. Jedoch sei dies das Werk eines wenig kunstverständigen Mannes. Denn die ein-

Der „Bischofsthron" wurde aus mehreren Einzelstücken zusammengesetzt

zelnen Bestandteile gehörten früher sicherlich nicht zusammen. So stamme die Rückenlehne mit den Tierabbildungen von einer Chorschranke (Chor, s. Begriffserklärungen). Gesichert ist jedoch, dass sämtliche Elemente einst als Verzierungen zur Kirchenausstattung von Sankt Maria, der ehemaligen Kathedrale, gehörten. Die Pfaue waren in der frühen Kunst des Christentums ein Zeichen für die Auferstehung von den Toten.

„Das ist aber ein seltsames Tier auf der Platte der Rückenlehne", wunderte sich Pollina. „Ist das vielleicht ein Löwe? Doch der Kopf erinnert eher an ein Lamm. – Das Lamm ist ein Zeichen für Jesus, das würde doch gut zu den Pfauen passen."

Ein sehenswertes Stück im Museum ist auch die Statue des heiligen Gaudentius. Es handelt sich um eine Kopie, denn das Original wurde fast völlig zerstört. Übrig geblieben davon ist leider nur mehr ein Teil des Rumpfes (zu sehen neben der Statue). Wie fein der Umhang des heiligen Gaudentius gearbeitet war! Der Steinmetz hatte gewiss antike Statuen als Vorbild gewählt.

Im Obergeschoss des ehemaligen Bischofspalastes ist ein Kirchenmuseum eingerichtet. Schmuckstücke sind ein Weihrauchgefäß aus dem 14. Jahrhundert sowie mehrere kunstvoll verzierte liturgische Bücher.

Bevor ihr den Ort verlasst, werft einen Blick auf den bronzenen Marder an der linken Straßenseite. Erinnert ihr euch, wozu Marderfelle in der Vergangenheit benutzt wurden?

Wie gerne hätte Pollino auf dem Stuhl Platz genommen – als mächtiger Bischof hätte er sich von seinen drei Begleitern ein leckeres Mittagessen auftischen lassen. Begeistert stimmte er daher dem Vorschlag Ivans zu, in einem nahen Restaurant gemeinsam ein paar knusprige Tintenfische zu verspeisen.

1889
OSOR
MUSEUM

3. Rundgang: Veli Lošinj – das kleine „große Dorf"

Veli Lošinj – das kleine „große Dorf"

Der Hafen des Zentrums von Veli Lošinj

„Wie klar die Luft ist! – Jeden einzelnen Gipfel des Velebit-Gebirges auf dem Festland kann man heute erkennen. Im Süden sieht man, wie das Gebirge abflacht und in die norddalmatinische Ebene übergeht, in der auch die berühmte Hafenstadt Zadar liegt. Und welch ein Ausblick auf die Inseln! Im Norden Krk mit seinen hell leuchtenden kargen Steinfelsen, dann weiter südlich die Insel Rab und schließlich Pag, das sich fast unbemerkt vor das Festland schiebt. Auf dem flachen Inselrücken Pags heben sich Dörfer ab. Auf den ersten Blick scheinen sie am Fuße des Küstengebirges zu liegen. Doch man sieht sie allzu deutlich, so dass sie unmöglich auf dem weit entfernten Festland liegen können... Die Inseln sehen aus wie Seeungeheuer, deren Rücken aus dem Meer ragen!", schwärmte Pollino.

„Wie Rücken von Seeungeheuern, sagst du? – Damit kommst du der kroatischen Sage, die erzählt, wie die Inseln entstanden, ziemlich nahe", sagte Pollina. Pollino war sofort klar, dass seine Schwester nun zu einem ausgedehnten, wenn nicht ausschweifenden Monolog

ansetzen würde und sagte: „Halte dich kurz, Schwesterchen!" „Schon gut! Bevor die Kroaten zum christlichen Glauben übertraten, beteten sie viele Götter an. Diese Götterwelt muss ich dir schon kurz vorstellen, sonst verstehst du nur Bahnhof: Da war zunächst der Gott Svarog – der Name bedeutet übersetzt etwa „Das Alles", er war gewissermaßen Gottvater. Seine Frau hieß Koleda. Zusammen hatten sie vier Söhne: Perun, den Gott von Blitz und Donner; Svantevid, den Sonnengott; Tatomir, den Mondgott, und Stribor, den Gott des Windes.

Die Sage will, dass die Inseln durch die Rache der Götter entstanden. Sie ist fast genau so blutrünstig wie die griechische Sage über Apsyrtes. Also, pass auf, und ich fasse mich auch kurz: Auf dem Küstengebirge lebten Riesen, die einem bösen, dem schwarzen Gott huldigten. Irgenwann beschlossen sie, die Welt und auch den Himmel, die von Svarog geschaffen worden waren, zu zerstören. Die Riesen stellten sich aufeinander, um auch die Familie Svarogs im Himmel zu töten. Fast hätten sie an deren Wohnsitz herangereicht. Aber eben nicht ganz. Die Götter sahen dem Treiben erst einmal zu. Dann machten sie den Riesen einen Vorschlag: Ein Kampf zwischen ihnen und den Riesen sollte zeigen, wer der Stärkere war. Die Riesen sollten im Meer stehen und die Götter auf den Bergen, sodass sie alle etwa gleich groß wären. Die Riesen willigten ein. In der Nacht vor dem Kampf feierten die Riesen bereits siegesgewiss. Sie betranken sich und aßen im Übermaß.

Von den Inseln aus sieht man bei guter Fernsicht bis zum Küstengebirge

Am darauf folgenden Tag, dem Tag der Entscheidung, waren sie daher noch immer benommen. Behäbig waren ihre Bewegungen, als sie Felsen vom Meeresgrund aufhoben, um sie gegen die Götter zu schleudern. Während sie sich schwerfällig bückten, wurden viele von ihnen von den Lanzen der Götter tödlich in den entblößeten Rücken getroffen. Die unzähligen weißen Felsen der Inseln erinnern dieser Sage zufolge an die getöteten Riesen. Die Felsen sollen deren sterbliche Überreste sein: ihre Knochen.
„Wirklich spannend, aber woher weißt du solche Dinge, Schwesterchen?“, fragte Pollino neugierig. „Betriebsgeheiminis, wird nicht verraten!“, entgegnete Pollina.

Die Geschwister waren heute ohne die Begleitung ihrer neuen Freunde Laura und Ivan nach Veli Lošinj gekommen. Da Ivan und Laura noch zwei jüngere Geschwister hatten, mussten sie gewisse Aufgaben innerhalb der Familie übernehmen. Denn es war Sommer, Hochsaison im Restaurant der Familie. Ihre Eltern arbeiteten bis spät in die Nacht im Lokal.

Die erste Siedlung

Die **Kirche Sankt Nikolaus** befindet sich im ältesten Teil Veli Lošinjs. Die Legende will, dass unter der Führung von Obrad Harnović um das Jahr 1280 zwölf kroatische Familien an der Südküste der Insel Lošinj

Veli Lošinj besitzt zwei Häfen

landeten. Sie flohen aus der Küstenregion des Festlandes, die von Tataren schwer verwüstet worden war, über das Meer und siedelten sich auf diesem Bergrücken an. Hier oben sollen sie bei ihrer Ankunft eine Kapelle vorgefunden haben, die griechische Mönche vom nahen Inselchen Palaciol im 9. Jahrhundert gebaut hatten. Die kroatischen Familien gaben ihrer Siedlung den Namen „Velo Selo", das *große Dorf*.

Niemand weiß, wie viel Wahrheitsgehalt in dieser Legende steckt. Sicher ist, dass die heutige Kirche Sankt Nikolaus Ende des 14. Jahrhunderts im gotischen Stil erbaut wurde, und auch eine dichtere Besiedelung ringsum dürfte erst zu jener Zeit erfolgt sein. Wie ihr an der Auswahl dieses Siedlungsplatzes, in großem Abstand zum Meer, erkennen könnt, waren die damaligen Dorfbewohner keine Fischer oder Seefahrer, sondern Bauern. In der fruchtbaren Landschaft unterhalb des Berges legten sie Gärten an. Wie geschaffen war das Weideland für ihre Schafe und Ziegen. Der Stadtteil, in dem ihr euch befindet, heißt bis heute „Harnićevo" – in Anlehnung an den legendären Gründer des Ortes: Obrad Harnović.

Pollina war in Gedanken noch immer bei der Schlacht der Götterfamilie mit den Riesen, während Pollino nahe der Kirche große, uralte Ruinen eines Hauses entdeckte: Diese Mauern gehören dem ehemaligen Pfarrhaus der Kirche Sankt Nikolaus, das von den Einheimischen noch heute „Hramina", großer Tempel, genannt wird.

In der Nähe der Hramina befinden sich auch viele Ruinen von Bauernhäusern der ersten Siedlung. Diese Gegend und auch Sankt Nikolaus wurden mit der Zeit aufgegeben. Das Dorf und seine Einwohner orientierten sich sich ab Mitte des 15. Jahrhunderts zum Meer hin. Zwar blieb die Landwirtschaft erhalten, aber sie spielte nur mehr jene untergeordnete Rolle, die sie auch heutzutage einnimmt. Viele Veli Lošinjer besitzen einen Gemüsegarten, in dem grüner Salat, Gurken, Zwiebeln, Tomaten und auch Artischocken und Bohnen wachsen.

Im Osten, am Hang oberhalb des Hafens, entstand der Ortsteil „Garina", mit seiner Kirche Sankt Maria von den Engeln, die um 1510 erbaut wurde.

Die Kirche Sankt Maria von den Engeln

Sankt Maria von den Engeln

„Pollina, sieh mal! – Diese Kirche ist ganz ungewöhnlich für die Inseln. Man könnte fast meinen, die Erbauer wollten die Markuskirche von Venedig hier in klein errichten", sagte Pollino, als er die verschiedenen Kuppeldächer der Kirche bemerkte. Von goldenen Kuppeln wie bei der Markuskirche ist hier aber nichts zu sehen – doch, in gewisser Weise hast du Recht", bestätigte die kunstverständige Schwester: „Durch die Kuppeln erinnert Sankt Maria von den Engeln an byzantinische Kirchenbauten, und solche hatten sich auch die Baumeister der berühmten Markuskirche als Vorbild genommen..."

Eine rätselhafte Begegnung

„Tatsächlich, Venedig war uns Veli Lošinjern stets ein Vorbild", erklang plötzlich eine kräftige Stimme aus dem Hintergrund. Sie gehörte einem älteren, grauhaarigen und sehr vohrnehm wirkenden Mann, der nun fort fuhr:

„Venedig – die Stadt der Künste und des Reichtums - stets haben wir Veli Lošinjer versucht, dieser reichen Stadt nachzueifern. Auch mit Erfolg – nicht umsonst wird Veli Lošinj als 'Klein-Venedig' bezeichnet, so malerisch liegen unsere Häuser am Hafen!
Dass Veli Lošinj einst eine reiche Stadt war, verdanken wir Venedig. Unser Ort am Meer hatte nur zwei kleine Häfen. An Seehandel im großen Stil war hier nicht zu denken – wenn es auch schon Anfang des 17. Jahrhunderts einige Besitzer von Handelsschiffen gab, die einigen Reichtum erwirtschafteten, indem sie Waren zwischen den Inseln der Nordadria hin und her schipperten. Welche Berufe aber konnten wir, die wir auf einer kleinen Insel im Meer lebten, schon ergreifen? Nur Fischer oder Seemann kam in Frage. Wer es als Seemann zu etwas bringen wollte, der ging nach

Venedig, um auf venezianischen Schiffen anzuheuern und auf diese Weise sein Auskommen zu finden. In Venedig haben viele unserer Leute eine große Karriere gemacht. Wir Veli Lošinjer hatten berühmte Kapitäne. Einer der ersten und gleichzeitig erfolgreichsten war Petar Petrina, der im 17. Jahrhundert lebte. Er war Kapitän auf einem Schiff, das die Schiffahrtslinie Triest-London befuhr. Auf den damaligen Segelschiffen war jede Fahrt ein abenteuerliches Unterfangen. Aber Petrina konnte von der Seefahrerei und auch von der Suche nach dem Abenteuer nicht genug bekommen. Er beteiligte sich an etlichen Schlachten der Venezianer gegen die Türken. Doch stellt euch vor, trotz aller Gefahren: der Mann wurde 85 Jahre alt! Seine drei Söhne dagegen waren vom Schicksal weniger begünstigt. Sie starben allesamt in Kämpfen auf dem Meer... Wie ihr euch sicher denken könnt, fuhren auch die Enkel Petar Petrinas zur See und fochten gegen die Türken und arabische Piraten. Für ihren Mut und ihre Tapferkeit wurden sie von den Venezianern geehrt und reich entlohnt. Mit dem Geld bauten sie sich schöne Paläste hier in der Stadt und nahmen sich auch der Armen an.

Ende des 18. Jahrhunderts lebten etwa 24 solcher begüterten Kapitänsfamilien in Veli Lošinj. Großartige Häuser, wie ihr sie noch heute unten am Hafen bewundern könnt, haben sie gebaut. Die Kapitäne machten aus Veli Lošinj einen reichen Ort. Viele Kunstwerke haben sie gestiftet, die sie von ihren weiten Reisen mitbrachten, um sie den Kirchen zu schenken. Meine Familie hat übrigens auch einiges zum Kunstschatz des Ortes beigesteuert. So etwa in der Kirche der Heiligen Maria zum Engel, der ich acht ovale Bilder geschenkt habe."

Pollino und Pollina sahen sich verwundert an. Wer war dieser Mann, der sich nun verabschiedete und in Richtung Hafen davonging? „Hast du sein Hemd näher betrachtet?", fragte Pollina. „Ja, der Kragen des weißen Hemdes war hochgeschlagen, wie früher bei vornehmen Herren oder sogar Adeligen! Seltsam aber war sein Schlips gebunden, er sah aus wie ein Seemannsknoten!"

Das Gemälde „Judith und Holofernes"

Die acht ovalen Bilder im Innern der Kirche der *Heiligen Maria zum Engel* sind sehenswert. Sie zeigen Szenen aus dem Alten und Neuen Testament *(s. Begriffserklärungen)*. Ein Künstler aus Verona, namens Antonio Balesta, hat diese Kunstwerke geschaffen. Gašpar Kraljeto, einem der berühmtesten Veli Lošinjer Kapitäne, gefielen sie so gut, dass er sie für die Kirche Sankt Maria erwarb. Seht euch einmal die beiden Gemälde an der linken Kirchenwand über der Seitentür an. Sie greifen eine alttestamentliche Erzählung auf. Das Bild rechts zeigt das Thema „Judith und Holofernes". Kennt ihr diese Geschichte? Holofernes, der Feldhauptmann des babylonischen Königs Nebukadnezar, belagerte die jüdische Stadt Bethulia bei Samaria. Die jüdischen Bewohner waren eingeschlossen. Unter ihnen Judith, eine fromme und junge Frau, die bereits Witwe war. Sie fasste einen wagemutigen Plan, um ihre Stadt zu retten. Mit einem Trick verschaffte sie sich Zutritt zum Lager des Feindes: Sie gab vor, selbst vor ihrem Volk zu fliehen und dem Feldherrn Ratschläge geben zu wollen, wie er die Stadt einnehmen könne. Als Holofernes die Frau sah, war er angetan von ihrer Schönheit und veranstaltete ein großes Fest. Als die Diener des Holofernes nach dem Gelage gegangen waren und auch er trunken auf seinem Bett lag, nahm Judith sein Schwert und schnitt ihm damit den Kopf ab. Den Kopf steckte sie anschließend in einen mitgebrachten Sack und kehrte in die Stadt zurück. Dort ließ sie das Haupt des Holofernes an der Stadtmauer anbringen. Als die feindlichen Truppen dort den abgetrennten Kopf ihres Führers hängen sahen, ergriffen sie die Flucht. Judith wurde von ihrem Volk als große Erretterin gefeiert.

Das Gemälde links davon behandelt ein ähnliches Thema. Die Frau Jahel tötet Siser. Auch Jahel befreite ihr belagertes Volk, indem sie den feindlichen Heeresführer tötete.

Aus Venedig stammen weitere Schmuckstücke in der Kirche, wie die Gemälde über dem Marmor-Altar. In der Mitte ist Maria, die Gottesmutter, mit dem Jesuskind dargestellt. Die Bilder daneben zeigen zwei Heilige: links Bischof Hildebrand und rechts den Mönch Franz von Paula. Dieser stammte aus Italien und hatte als junger Mann ein strenges Einsiedlerleben geführt. Später gründete er den Orden der Paulaner, einen Zweig der Franziskaner, der sich große Bescheidenheit auferlegte.

Der Hafen auf einer alten Postkarte – Veli Lošinj hat sich seit damals nur wenig verändert

Wenn ihr die Kirche verlasst und den Weg hinunter zum Hafen einschlagt, fällt euch rechts ein großes verlassenes Gebäude auf. Das ist die frühere *Pension Johannishof*. Anfang des 20. Jahrhunderts bot diese Pension ihren Gästen bereits höchsten Komfort. Es gab Tennisplätze in der Parkanlage, eine Kegelbahn und die Möglichkeit, Kricket zu spielen. Das Haus war das ganze Jahr über geöffnet und berühmt für seine ausgezeichnete Wiener Küche. Erstaunlicherweise waren damals die Preise in den Sommermonaten am günstigsten. Wenn auch das Baden im Meer um die Wende vom 19. zum 20. Jahrhundert zunehmend in Mode kam, so zog es die damalige Gesellschaft in den Sommermonaten meist in kühlere Regionen, wie die Alpen. Aufenthalte am Meer verbrachte man gerne im Frühjahr oder im Herbst. Die Gäste der Pension kamen zumeist mit Schiffen aus Triest angereist, die in Osor vor Anker gingen. Dort wurden die Passagiere dann mit einem Autobus abgeholt.

3 Der Piratenturm

„Kula" – das heißt auf Deutsch „der Turm". Ihr erreicht ihn, wenn ihr die Gasse vor dem Postamt hinaufgeht. Beinahe baugleich erscheint dieser runde zinnenbekrönte Wehrturm mit dem Turm der Creser Stadtbefestigung. Doch der Turm in Veli Lošinj ist rund ein Jahrhundert älter als sein „Zwillingsbruder". Erbaut wurde er ursprünglich als Zufluchtsort für Frauen, Kinder und die Alten des Ortes, wenn Veli Lošinj von Piraten oder den gefürchteten Uskoken angefriffen wurde.

Das Stadtwappen von Veli Lošinj

Der Turm ist im Laufe der Jahrhunderte mehrmals restauriert worden. Und erst vor kurzem wurde in dem viergeschossigen Bau ein Museum mit sehenswerten Ausstellungsstücken und Dokumentationen der Geschichte von Veli Lošinj eingerichtet.

Eine 2.400 Jahre alte Statue

Im Erdgeschoss des Turmes wird die Geschichte eines sensationellen Fundes behandelt: des so genannten *Apoxyomenos* – einer antiken Bronzestatue. Ein belgischer Taucher hat im Jahr 1997 diese Statue am sandigen Meeresgrund nahe der kleinen Insel Orjule vor der Südostküste Lošinjs gefunden.

In etwa so lag der Apoxyomenos auf dem Meeresgrund – die Szene wird im Museum nachgestellt

Apoxyomenos heißt übersetzt aus dem Altgriechischen: „Der sich Schabende". Urprünglich stammte der *Apoxyomenos* aus der Wekstatt des berühmten griechischen Bildhauers Lysipp. Dieser Künstler lebte im vierten Jahrhundert vor Christus und arbeitete am Hof von Alexander dem Großen. Bei der gefundenen Statue, so die Erkenntnisse der Wissenschaftler, könnte es sich tatsächlich um ein Original des *Apoxyomenos* handeln – wahrscheinlich hat der Bildhauer sogar mehrere dieser Figuren hergestellt. Bislang galten die Originale als verloren. Lediglich zwei später entstandene Kopien sind bekannt. Die eine ist aus Bronze und befindet sich im Kunsthistorischen Museum in Wien, die andere aus Marmor. Sie wird in den Vatikanischen Museen in Rom ausgestellt.

Die Statue stellt einen Athleten dar. Die schlanke Figur mit breitem Stand streckt den rechten Arm nach vorne. Sein linker Arm liegt quer vor der Brust, und in der Hand hält er ein Schabmesser, um damit die Unterseite des rechten Armes vom Öl und Staub der Wettkampfbahn zu reinigen. Lysipp zeigt den Sportler nach dem Wettkampf, aber nicht im Augenblick des Triumphes, sondern als die ganze Anspannung bereits gewichen ist, die Mühen überstanden sind: Der Wettkämpfer wirkt erleichtert und zufrieden.

Auf Schautafeln wird erklärt, wie die Statue aus einer Meerestiefe von 45 Metern geborgen wurde – eine komplizierte Angelegenheit. Es galt höchste Vorsicht walten zu lassen, um die Jahrtausende alte Figur ja nicht zu zerbrechen. Danach befreiten Wissenschaftler sie von Algen und anderen Ablagerungen. Anschließend wurde sie in ein Becken mit Süßwasser gelegt, damit das zerstörerische Meersalz aus dem Material trat. Die Statue befindet sich momentan in der kroatischen Hauptstadt Zagreb, wo renommierte Kunsthistoriker sie begutachten. Im Erdgeschoss des Turmes handelt es sich also um eine Kopie.

Geplant ist, dass der *Apoxyomenos,* dieses einmalige und kostbarste Kunstwerk, seinen ständigen Aufenthaltsort in einem extra dafür geschaffenen Museum in Mali Lošinj erhält. Aber es werden sich wohl viele bekannte und große Museen für den alten jungen Mann aus Griechenland interessieren. Überaus begehrt war der *Apoxyomenos* schon zu Zeiten der Römer, als eine Statue in der Nähe des Pantheon, mitten in Rom aufgestellt war. Als ihn Kaiser Tiberius von dort entfernen ließ, um ihn in den eigenen Palast zu bringen, gab es in der Bevölkerung heftige Proteste. Der Kaiser ließ daraufhin den beliebten *Apoxyomenos* wieder an seinen ihm angestammten Platz zurückbringen.

„Wie der Apoxyomenos wohl am Meeresgrund gelandet ist?", fragte Pollina ihren Bruder. Pollino überlegte eine Weile, bevor er antwortete: „Hier an der Ostküste der Insel Lošinj führte doch in der Antike ein wichtiger Seeweg entlang. Vielleicht ist das Schiff, das ihn transportierte, gekentert. Aber dagegen spricht wiederum, dass im Sand der Umgebung, wo die Statue lag, weder ein Schiffswrack noch irgendwelche andere antike

Gegenstände gefunden wurden. Vielleicht wurde die große, schwere Statue während des Transports nicht gut gesichert und ist bei Wind und Wellen einfach über Bord gefallen", vermutete Pollino. Er deutete auf die Darstellung eines römischen Schiffes, das in Stein geritzt war: „Bei den kippligen Nussschalen, die damals auf dem Meer fuhren, wäre das nicht verwunderlich!"

Im Museum ist ein römisches Schiff auf einer Steinplatte abgebildet

Die kriegerischen Uskoken

Im ersten Stock des Museums sind weitere historische Gegenstände zu sehen. Die antike Amphore ist ebenfalls ein Fund aus dem Meer. Daneben befinden sich in diesem Raum Pistolen und Säbel.

„Sieh mal Pollina – da ist ein Säbel aus der Zeit, als der Turm erbaut wurde! Und dieser Säbel wurde mit Sicherheit im Kampf gegen die wilden Uskoken eingesetzt. Komm mal mit auf die Plattform des Turmes. Dort hat man eine super Aussicht auf den Hafen und das Meer. Über das Meer kamen die Feinde mit ihren Schiffen..." Schon war Pollino entschwunden. Etwas zögerlich ging Pollina die Stufen der einzelnen Stockwerke hinauf. In das zweite wollte sie später unbedingt zurückkommen, da sie den Eindruck hatte, ein bekanntes Gesicht auf einem Bild entdeckt zu haben. Während sie die Stockwerke hinter sich ließ, dachte sie an die Zeiten des Mittelalters, als die Frauen und Kinder in diesem Turm Unterschlupf suchten, um sich vor angreifenden Feinden in Sicherheit zu bringen: 'Was für ein kriegerisches Volk wohl diese Uskoken waren?' Nun war sie am Ausgang, der auf die oberste Plattform ins Freie führte, angelangt. Sie öffnete die Tür und trat nach draußen. Sie befand sich in einem schmalen Gang. Vor ihr eine hohe Brüstung mit Zinnen. Zwischen den Zinnen war der Blick frei auf das Dorf und den Hafen. Ihr Bruder war nicht zu sehen. „Pollino, zeig dich! Polliiiino...! Bitte keine Albernheiten, ja!?" Doch noch immer keine Spur von Pollino. Sie ging den Gang entlang, der im Kreis führte. Nach einer Umrundung schlug sie die Gegenrichtung ein. Pollina begann schneller zu laufen, erneut wechselte sie die Richtung.

Ihr war nun doch etwas mulmig zumute. „Pollino, bist du hier?" Sie blieb stehen. Unruhig wanderte ihr Blick über die Brüstung, auf die Dächer des Ortes Richtung Hafen. „Pah, der Uskoke hat dich doch erwischt!" – Pollina fuhr erschrocken herum. Ihr Bruder war wie aus dem Nichts aufgetaucht und hatte sie an den Schultern gepackt. „Ohhh, du Elender, ich könnte dich...", entfuhr es Pollina – „Nein, ich hätte dich..., wenn ich ein Uskoke wäre!" Trotz weicher Knie hörte sie Pollino zu, der über die Uskoken zu erzählen begann. Sie kannte ja ihren Bruder, der Späße allzu gern auf die Spitze trieb,

„Die Uskoken waren gefürchtete kroatische und serbische Krieger. Ursprünglich waren sie Bauern aus dem Hinterland Dalmatiens. Als die Türken das Land besetzten, zogen sie an der Küste weiter nach Norden und haben sich in Senj niedergelassen. Diese Stadt liegt am Festland gegenüber der Insel Rab. 'Uskočiti', so hat mir Ivan gesagt, heißt auf Deutsch hineinspringen. Und wie sie sich furchtlos ins Gefecht stürzten! Zunächst war ihre Aufgabe, als Grenzsoldaten weitere Gebietsgewinne der Türken zu verhindern. Aber mit der Zeit bekämpften sie alles und jeden. Sie unterschieden kaum mehr zwischen Feinden und Freunden. Sie plünderten Städte und Dörfer, überfielen Schiffe und gaben Ladung, Schiff und Mannschaft nur gegen Bezahlung eines hohen Lösegeldes wieder frei. Besonders hatten sie es auf Schiffe abgesehen, die unter venezianischer Flagge fuhren. Denn Venedig hatte damals mit den Türken, die die Uskoken so erbarmungslos bekämpften, einen Frieden geschlossen. Auch bei den Lošinjern waren die Uskoken gefürchtet. Die Piraten verfügten über kleine, wendige und vor allem leichte Ruderboote. Sechs bis acht paar Ruder hatte ein Uskoken-Boot, auf dem mindestens 12 Männer zeitgleich ruderten. Durch ihren flachen Kiel ließen sich die Boote schnell aus dem Wasser ziehen und sogar über Land tragen.

Die Uskoken waren erfahrene Seeleute und kannten jeden Schlupfwinkel auf den Inseln dieser Region. Ihre Taktik war der Überraschungsangriff. Sie nutzten enge Buchten als Verstecke, um daraus schnell hervorzustoßen und vorbeifahrende Schiffe zu entern, oder die hereinbrechende Dunkelheit und schlechtes Wetter, denn dann waren ihre schwarz-roten Boote auf dem Meer kaum auszumachen. Sie trugen leichte Gewehre und kleine Dolche mit sich. Zweimal, 1580 und 1614, gelang es ihnen, Mali und Veli Lošinj zu plündern: Sie verwüsteten und raubten, was ihnen in die Finger kam! Insgesamt handelte es sich bei diesen Piraten um höchstens 400 Kämpfer. Doch obwohl sie sich gegenseitig Treueschwüre leisteten und wie Pech und Schwefel zusammenhielten, waren ihre Tage gezählt. Im Jahr 1617 marschierte in Senj das österreichische Militär ein und vertrieb die Uskoken ins Hinterland."

„Na, bei den Uskoken wärst du bestimmt gut aufgehoben gewesen, so Furcht erregend sind deine Auftritte!" Pollina erholte sich erst langsam von ihrem Schreck. Zusammen kehrten sie nun in den zweiten Stock des Turmes zurück. Gleich an der Treppe, die in den ersten Stock hinabführt, betrachteten sie die berühmten Kapitäne Veli Lošinjs, die auf Gemälden dargestellt waren: Petar Petrina, Tomaso Raguzin... „Pollino, sieh nur! Dieses Gesicht kam mir doch gleich bekannt vor." „Tatsache!" – Auch Pollino war überrascht. „Das ist der

Mann, der uns an der Kirche angesprochen hat. Da, unter dem Bild steht sein Name: Gašpar Kraljeto. Er lebte von 1772 bis 1838. Wie kann das möglich sein?"

In diesem Raum seht ihr noch mehr Portraits von Kapitänen Veli Lošinjs und den Schiffen, auf denen sie das Kommando hatten. Die Veli Lošinjer Kapitäne fuhren zunächst für Venedig und später im 19. Jahrhundert, als die Insel zum österreichischen Kaiserhaus gehörte, unter österreichischer Flagge.

Gašpar Kraljeto – der berühmte Kapitän

Spannend ist die Geschichte des Petar Budinić. Er war Kapitän des großen venezianischen Handelsschiffes *San Domenico*. Am 10. Januar des Jahres 1779 lief das Schiff aus Venedig aus, beladen mit Lebensmitteln. Diese Lebensmittel sollten nach Nordamerika gebracht werden, wo der Unabhängigkeitskrieg zwischen den amerikanischen Kolonien und dem englischen Mutterland tobte. Die Engländer hatten eine Seeblockade vor der atlantischen Küste errichtet. Keinerlei Lieferungen sollten die abtrünnigen Amerikaner erreichen. Doch das Ziel der *San Domenico* war es, den englischen Riegel zu überwinden. Denn wer es schaffte, dessen Ladung wurde mit Gold aufgewogen. Aber das Schiff des Petar Budinić wurde von den Engländern aufgebracht. Man legte ihn und seine Mannschaft in Ketten und brachte sie auf die Karibik-Insel Jamaika, eine damalige englische Kolonie. Mit Hilfe von venezianischen Händlern, die auf der Insel lebten, gelang es ihm jedoch bald, das Schiff wieder in seine Gewalt zu bringen und die Lebensmittel gegen Zucker, Gewürze und andere in Europa begehrte Waren einzutauschen. Die wertvolle Fracht brachte er nach Venedig. Dort war das Handelshaus, für das er arbeitete, so begeistert, dass man Petar Budinić mit einem noch größeren Schiff in die Karibik entsandte, um europäische Lebensmittel einzutauschen. Doch auf der Rückfahrt erkrankte der Kapitän. Das heiß-feuchte tropische Klima setzte ihm so sehr zu, dass er starb. Daraufhin übernahm sein Bruder, der mit an Bord war, das Kommando des Schiffes. Petar Budinić wurde auf offener See beigesetzt.

Im dritten Stock des Turmes bekommt ihr einen Eindruck von der jüngeren Vergangenheit Veli Lošinjs. Im Jahr 1892 wurde Veli Lošinj zu einem heilklimatischen Kurort erklärt. Schnell entstanden komfortable Pensionen und Kurheime für Urlauber und Erholungsbedürftige. Drucke von alten Fotos zeigen euch, wie die ersten Urlaubs- und Kurgäste hier ihren Aufenthalt verbrachten. Der vierte Stock ist für Kunstausstellungen im Sommer reserviert.

Die Geschwister hatten den Turm verlassen und standen nun am Hafen. Das Hafenbecken ist sehr schmal und liegt gut geschützt. Es bietet jedoch nur wenig Platz für Fischer- und Ausflugsboote, die sich dicht an dicht drängen. Pollina und Pollino bewunderten die wunderbare Atmosphäre des Ortes. Die großen und schönen Häuser am Hafen waren einst die Paläste der reichen Kapitäne Veli Lošinjs: „Der alte Mann hatte Recht, die Paläste, das Meer – Veli Lošinj ist tatsächlich Venedig in klein." Am besten gefielen Pollino die unterschiedlichen und kräftigen Farben der Häuser.

Der Fischer Petar Kraljeto

„Habt ihr mein Geheimnis gelüftet?", erklang eine Stimme aus einem Ausflugsboot an der Mole, von dem der Duft gegrillten Fisches aufstieg. „Nur an Bord mit euch! – Ihr habt doch sicher Lust auf die Leckerbissen des Meeres: Makrelen und einige Seebarsche habe ich anzubieten. Dazu gibt's Weißbrot und Tomatensalat, Fanta und Cola. Na, ist das ein Angebot?!" Pollino ließ sich nicht zweimal bitten. Und auch Pollina betrat voller Neugier das Schiff. „Ich habe euch vorhin ganz schön aufs Glatteis geführt, nicht wahr? Denn natürlich bin ich nicht Gašpar Kraljeto, der

einst so berühmte Kapitän, sondern sein Ur-ur-ur-Enkel mit Namen Petar Kraljeto, – Petar ist die kroatische Form für den Vornamen Peter. Ich bin hier in Veli Losinj geboren und aufgewachsen. Meinen Lebensunterhalt verdiene ich schon seit jeher auf dem Meer, aber ich bin leider kein so großer Kapitän wie mein berühmter Vorfahr, dem ich aber ziemlich ähnlich sehe, findet ihr nicht? Ich war Fischer. 59 Jahre habe ich meinen Beruf ausgeübt. Es ist noch nicht so lange her, dass ich ihn an den Nagel gehängt habe. Unzählige Nächte verbrachte ich auf dem Meer, wenn nicht gerade Bura oder Jugo bliesen, denn bei den starken Wellen ist es sogar mir altem Seebären da draußen zu gefährlich.

Aber ganz Abschied nehmen vom Meer kann ich nicht. Deswegen fahre ich im Sommer hin und wieder ein Ausflugsboot für Touristen, die ich nach Ilovik oder Susak schippere. Danach grille ich zum Abschluss für meine Gäste noch gemütlich ein paar Fische. Dann ist es hier fast wie früher, als es in Veli noch viele Fischer gab, die mit ihren Segelbooten auf Fischfang gingen – damals, als die Fischerboote noch nicht von Motoren angetrieben wurden. Vier Mann Besatzung und los ging's. Es war ein hartes Leben, das wir Fischer führten. Den besten Teil des Fanges haben wir schon damals nach Italien oder aufs Festland verkauft. Wir und unsere Familien ernährten uns von den weniger edlen Fischsorten wie Seehecht oder Menula. Aber ich sage euch, die schmeckten vielleicht gut! Wenn wir morgens vom Meer zurückkamen, wurde erst einmal ein Feuer angeschürt. Darüber haben wir in Gusstöpfen Fischeintopf zubereitet. Zum Fisch gab's Polenta, einen Maisauflauf, Brot und Rotwein. Gegessen wurde auf einfachen Holztellern. Durch den ganzen Hafen zog ein wunderbarer Duft, der auch die anderen Männer der Stadt anzog, selbst die reichen kamen, um mit uns zu essen. Den übrigen Tag haben wir uns ausgeruht. Wir spielten im Gasthaus miteinander Karten und sangen Lieder über das Meer und die Menschen auf den Inseln. Am Ende der Woche zahlten die Besitzer der Fischerboote die Mannschaft aus. Das Geld wurde auf den Tisch gelegt und jeder bekam den gleichen Anteil."

Für Pollino und Pollina hatte der alte Mann indessen Makrelen gegrillt. Herzhaft waren die Fische mit Salz, Zitrone, Knoblauch und Olivenöl gewürzt.

„Wohin führt euch jetzt der Weg?", fragte der alte Fischer, als sich Pollino und Pollina nach dem Essen von den Holzbänken des Schiffes erhoben. „Ich würde noch gerne die Kirche Sankt Anton besichtigen, denn dort soll es eine Menge berühmter Kunstschätze und interessanter Dinge zu besichtigen geben", antwortete Pollina. „Schließlich war Veli Lošinj früher ein sehr reicher Ort", bestätigte der alte Fischer „Aber bevor ihr meine Stadt oder besser gesagt mein 'großes Dorf' wieder verlasst, solltet ihr noch einen Abstecher in die Rovenska-Bucht mit ihren bunten Fischerhäuschen machen", riet ihnen Petar Kraljeto zum Abschied. „Dort bekommt ihr auch etwas zu trinken!", rief er ihnen noch hinterher.

Die Kirche des heiligen Anton, des Einsiedlers

Blick vom Uskoken-Turm auf die Kirche des heiligen Anton, dem Mönch und Einsiedler

Die Kirche Sankt Anton beherrscht das Bild des Ortes. Der wuchtige und schlichte rosa Bau und der daneben stehende Glockenturm überragen die anderen Gebäude am Hafen bei weitem.

Bereits im 15. Jahrhundert hat an dieser Stelle ein Kirchengebäude gestanden, das jedoch einem Feuer zum Opfer fiel. Im Jahr 1676 wurde daraufhin eine neue und größere Kirche gebaut. Auch der massive Glockenturm, der am Hang neben der Apsis steht, wurde zu dieser Zeit errichtet. Von weitem erscheint der Glockenturm hoch und mächtig. Aus der Nähe betrachtet wirkt er witzig, denn er ist eher klein und dick.
Im 18. Jahrhundert wurde auch diese Kirche für den Ort und seine zahlreicher gewordene Bevölkerung zu klein. Vor allem aber wollten die Veli Lošinjer Kapitänsfamilien eine Kirche, die ihrem hohen Ansehen und ihrem Reichtum entsprach. Schließlich errichtete man damals den heutigen Kirchenbau.

Fertiggestellt wurde die Kirche im Jahr 1774. Bemerkenswert ist nicht nur die Größe des Gebäudes, sondern vor allem das Innere der Kirche. Hier gibt es eine große Anzahl von Kunstwerken zu bewundern,

Sankt Anton birgt viele sehenswerte Kunstwerke

die wiederum den Schiffskapitänen des Ortes und ihren großzügigen Schenkungen zu verdanken sind.

Zu den Stiftern gehörte natürlich auch Gašpar Kraljeto, vom dem ihr ja bereits erfahren habt. Dieser Mann war nicht nur ein berühmter Kapitän, sondern auch ein großer Kunstliebhaber. Nach seiner erfolgreichen Laufbahn als Kapitän, die ihm viel Geld eingebracht hatte, ließ er sich in Venedig nieder, wo er viele Jahre verbrachte. Dort machte er sich einen Namen als Kunstsammler. Auf öffentlichen Versteigerungen erwarb er bedeutende Gemälde, die er nach Veli Lošinj bringen ließ. So zum Beispiel das berühmte Bild des Meisters Bartolomeo Vivarini, das die *Gottesmutter mit Kind und anderen Heiligen* zeigt. Das Bild aus dem Jahr 1475 findet ihr an der linken, nördlichen Kirchenwand nach dem zweiten Seitenaltar. Der Künstler hat darauf die betende Muttergottes dargestellt. Heilige huldigen dem Jesuskind.

Dem heiligen Antonius ist diese Kirche geweiht. Zu sehen ist er auf dem großen Deckengemälde in der Mitte des Kirchenschiffes. Er kniet zur Rechten der heiligen Maria, auf deren Schoß das Jesuskind sitzt. Gegenüber von Antonius ist der heilige Gregor abgebildet. Das Gemälde wurde von einem venezianischen Meister im Jahr 1772 angefertigt.
Den heiligen Antonius erkennt ihr an seinem Stab, an dem eine Glocke befestigt ist. Über Antonius wird Folgendes erzählt: Er lebte im 3. und 4. Jahrhundert nach Christus in der oberägyptischen Wüste ein enthaltsames und gottesfürchtiges Leben als Einsiedler. Seine Standhaftigkeit wurde jedoch vom Teufel auf harte Proben gestellt: Er erschien Antonius in Form von Ungeheuern oder als schöne Frau, um ihn zu versuchen. Antonius widerstand jedoch allen Herausforderungen. Als 90-Jähriger gründete er schließlich ein Kloster.
Mit der Glocke des Antonius hat es eine Bewandtnis. Einerseits gilt sie als Bettlerglocke und Zeichen der Armut. Im Mittelalter mussten die Bettler in den Städten Glocken oder Schellen tragen, um sich bei den Bürgern der Stadt bemerkbar zu machen. Anderer-

seits steht Antonius' Glocke im Zusammenhang mit der Pest. Antonius gilt als Nothelfer und Beschützer vor dieser Seuche, die im Mittelalter in Europa so vielen Menschen den Tod brachte. Damals hingen in den Städten Pestglocken. Mit diesen Glocken wurden die Gesunden vor der drohenden Pest gewarnt, oder ihr Geläut kündete vom Ende der Epidemie. Wer dann ihre Töne vernahm, war dank Antonius gerettet!

Kunstvolle Seitenaltäre schmücken die Kirche. An der rechten Kirchenwand befindet sich der Altar des Heiligen Kreuzes. Jesus ist am Kreuz dargestellt. Schwarze Marmorsäulen umrahmen die Szene. Der marmorne Altar daneben ist ein Werk aus dem 17. Jahrhundert und zeigt Maria, die Gottesmutter, die das Jesuskind auf dem Arm trägt.

Eine wunderschöne Steinmetzarbeit könnt ihr an der Vorderseite des Hauptaltars in der Apsis bewundern. Das Marmorrelief (Relief, *s. Begriffserklärungen)* des Künstlers Gasparo Albertini zeigt das Mahl Jesu mit zwei Jüngern in Emmaus. Nachdem Jesus am dritten Tag nach seinem Tod auferstanden war, begleitete er zwei Jünger, die unterwegs in den Ort Emmaus waren. Doch die beiden erkannten ihren Weggefährten nicht sofort. Erst als dieser beim Abendessen das Brot brach, dankte und es ihnen gab, wussten sie, dass Jesus bei ihnen war.

Auf dem Bild über dem Altar seht ihr die Heiligen Drei Könige aus dem Morgenland dargestellt, die zur Krippe gekommen sind, um das Jesuskind mit Gold, Weihrauch und Myrrhe zu beschenken. Die drei Könige aus dem Morgenland, Kaspar, Melchior und Balthasar, waren dem hell leuchtenden Stern gefolgt, der ihnen den Weg zum neugeborenen „König der Juden" zeigte. Der Figur des Kaspar hat der Maler übrigens das Aussehen von Kapitän Gašpar Kraljeto verliehen. Gašpar heißt auf Deutsch nämlich Kaspar.

Werft noch einen Blick nach oben: An der Decke der Apsis sind feine Stuckarbeiten zu sehen. Kennt ihr die einzelnen Musikinstrumente, die hier dargestellt sind?

Triangel, Harfe, Violine, Horn, Flöte, Cello, Mandoline, Trompete, Zimbel, Trommel?

Pollino fiel eine Grabplatte ins Auge, die an die Wand links vom Hauptaltar gelehnt war. Sie zeigte ein Schiff mit Seeleuten. „Das ist sicher das Schiff des berühmten Kapitäns Blaž Gladulić, der im Jahr 1604 starb. Er war Besitzer einer so genannten Grip, einem Schiff für die Küstenschiffahrt.

Die Stadt der Toten

Aber apropos Grabplatte – ist dir eigentlich bewusst, dass du gerade auf Gräbern herumtrittst?", fragte Pollino seine Schwester in geheimnisvollem Ton. „Hier sind die Veli Lošinjer Schiffskapitäne begraben! Pollino deutete auf die marmornen Grabplatten auf dem Fußboden der Kirche: „Hier liegen Kapitäne der Familien Petrina, Budinić, Raguzin, Busanić, Leva, Hreljić, Botterini, Kraljeto begraben. Doch nicht nur die reichen Familien des Ortes fanden unter dem Kirchenfußboden ihre letzte Ruhestätte. Viele Veli Lošinjer wollten nach ihrem Tod in der Kirche oder zumindest in ihrer Nähe ruhen, um an diesem Gott geweihten Platz auf das Jüngste Gericht zu warten. Die Grabsteine, die mit S.A.A. beschriftet sind, was so viel bedeutet wie Sanktus Antonius Abatus, Heiliger Mönch Antonius,

dem die Kirche ja gewidmet ist, bedecken Gräber, in denen die Armen des Ortes bestattet wurden. Solche Gräber findest du auch auf dem Vorplatz der Kirche. Nur in ein Leichentuch gewickelt, wurden die Toten in die Gräber gelegt. Man vermutet, dass insgesamt etwa 20.000 Menschen in der Kirche und auf ihrem Vorplatz begraben liegen." Pollina lief ein kalter Schauer über den Rücken. Sie atmete tief durch, bevor sie den Weg nach draußen suchte.

Links: Die Grabplatte des Blaž Gladulić.
Rechts: So sah die Kuranstalt des Dr. Simonitsch einst aus

Bei den Stufen, die vom Vorplatz der Kirche zur Hafenmole hinabführen, zweigt eine steile Treppe nach links ab. Oben auf dem Hügel, auf der rechten
5 Seite, befindet sich die ehemalige **Kuranstalt des Arztes Dr. Simonitsch**, die im Jahr 1904 erbaut wurde. Dieses Sanatorium war eines der größten in Veli Lošinj. Die Kur für die erholungsbedürftigen oder von einer Krankheit genesenden Gäste bestand darin, im Meer zu baden und die heilwirksame Luft des Ortes zu genießen. Auch das Sonnenbad war auf der Tagesordnung. Hierfür standen den Gästen kleine Terrassen in der großen Parkanlage zur Verfügung. Wenn schlechtes Wetter herrschte, konnten sie sich mit ihren Liegestühlen unter eine überdachte Säulenhalle zurückziehen. Das Haus verfügte insgesamt über 30 Zimmer, die alle mit einem Badezimmer ausgestattet waren. Das Gebäude wird momentan als Erholungsheim für Familien genutzt. Es ist ernsthaft vom Verfall bedroht.

Rovenska – der kleine Fischerhafen

(6) In der **Rovenska-Bucht** schmiegen sich bunte Fischerhäuser aneinander. Ihre dicken Mauern und kleinen Fensteröffnungen schützen sie vor der stürmischen Bora, der die Rovenska-Bucht ausgesetzt ist. Bereits im 16. Jahrhundert war diese Bucht von Fischern besiedelt. Bemerkenswert ist, wie die Fischer dieses Hafens im 17. Jahrhundert den Fischfang nach festen Regeln organisiert hatten: Jeder von ihnen bekam auf dem Meer seinen eigenen Platz zugewiesen, an dem nur er fischen durfte.

Eine lange Mole schützt den Hafen gleichzeitig gegen die Bora und die hohen und gleichmäßigen Wellen, die der Südostwind aufbaut. Das österreichische Kaiserhaus ließ diese Mauer in der Mitte des 19. Jahrhunderts anlegen. Etwa gleichzeitig bauten die Habsburger eine Schiffswerft in der Rovenska-Bucht. Segelschiffe von über 40 Metern Länge liefen hier vom Stapel.

Die Rovenska-Bucht früher und heute

Petar Kraljetos Hinweis war nicht unbegründet gewesen. Der stark gewürzte Fisch zeigte Wirkung: Pollina und Pollino hatten einen Riesendurst bekommen – und auch nach einem Eis gelüstete es die beiden. Eigentlich hatten sie vor, noch den Park der ehemaligen Sommerresidenz des Erzherzogs Karl Stephan zu besichtigen. Aber darüber konnten sie auch nach dem Eis entscheiden. Viel wichtiger war es erst einmal, den Durst zu löschen.

(7) Die Seewarte

Der habsburgische Erzherzog Karl Stephan ließ in den Jahren 1885-86 den größten und eindrucksvollsten Palast des Ortes bauen. Seine Sommerresidenz nannte er *Seewarte*. Lange hatte er auf Adria-Inseln nach einem schönen Ort für sein Bauvorhaben Ausschau gehalten. Seine Wahl fiel schließlich auf Veli Lošinj. Der romantische Ort hatte es ihm angetan.

Nach dem Bau der *Seewarte* besuchten viele Mitglieder der kaiserlichen Familie die Insel. Der Thronfolger Franz Ferdinand weilte sechs Wochen hier, um eine überstandene Krankheit auszukurieren, und auch der Vater der beiden, Kaiser Franz Joseph, war zu Gast in Veli Lošinj. Karl Stephan ließ um die *Seewarte* einen riesigen Park mit exotischen Bäumen anlegen. Viele von ihnen könnt ihr auch heute noch bestaunen. Über 200 verschiedene Pflanzen- und Baumarten befinden sich hier. Wunderschön anzuschauen sind die hoch in den Himmel ragenden Palmen von den Kanarischen Inseln oder die ausladenden Libanesischen Zedern. Im ehemaligen Wohnsitz der Wiener Adeligen ist jetzt ein Sanatorium untergebracht, in dem vor allem Lungen- und Bronchial- sowie Hautkrankheiten behandelt werden.

Mali Lošinj – das große „kleine Dorf"

„Italien, Österreich, Deutschland, Frankreich, Kroatien, sogar aus USA und Australien! – hier legen Schiffe aus der ganzen Welt an!" Pollino hatte die Flaggen der Schiffe, die in der Morgensonne im Hafen lagen, betrachtet. „In den Sommermonaten zieht Mali Lošinj unzählige Segelboote und Motorbootjachten an. Welcher Kapitän kennt es nicht, unser malerisches Hafenstädtchen? Sieh nur, wie es sich in der tief eingeschnittenen Bucht an die sanften Hügel schmiegt. Die schönen Häuser und verträumten Gassen! Wie in alter Zeit!" Ivan war sichtlich stolz auf seine Heimatstadt.

„Diese Hafenbucht", fuhr Ivan fort, „nennen wir Einheimische Baldagušta. Angeblich soll hier nämlich die Flotte des römischen Kaisers Augustus nach der Schlacht bei Actium im Jahre 31 vor Christus den Winter verbracht haben. Bei Actium im Ionischen Meer wurde der Krieg um die Nachfolge Caesars zwischen Augustus und Markus Antonius entschieden. Der Feldherr Agrippa befehligte die Flotte des Augustus. In der Schlacht machte er die Kriegsschiffe der ägyptischen Königin Kleopatra nieder, die an der Seite von Markus Antonius stand. – Na ja, vielleicht ist das mit dem Winterquartier nur eine Legende. Der Name der schmalen Bucht könnte auch auf die italienische Bezeichnung 'Valle angusta' zurückzuführen sein: das enge Tal.

Auf dem Fischmarkt

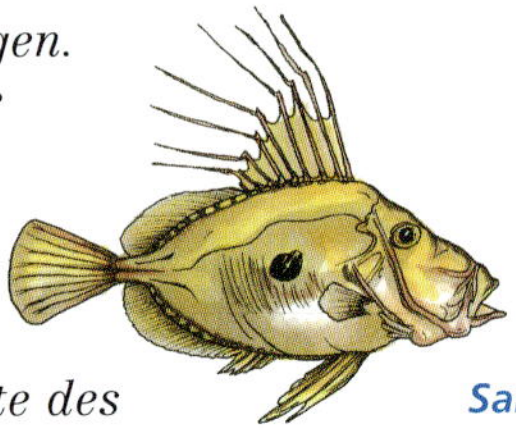

Sankt Peterfisch

Es war noch früh am Morgen. Die Mutter Ivans hatte die beiden Jungen mit in die Stadt genommen. Sie fuhr fast jeden Morgen zum Fischmarkt, um frischen Fisch für die Gäste des Restaurants zu besorgen. Sie wusste, dass Pollino ein Besuch in der Fischhalle großen Spaß bereiten würde.
Noch regte sich an der Hafenmole kaum Leben. Das Gewusel von Touristen, die Einkäufe erledigen und sämtliche Plätze unter den Sonnenschirmen der Cafés belegen, würde erst später einsetzen. Nur einige wenige Einheimische saßen bereits in den Straßencafés, um ihren allmorgendlichen Capuccino zu genießen.

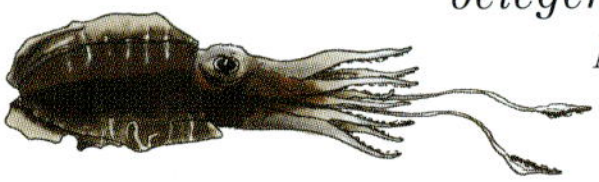

Tintenfisch

Laut und hektisch ging es in der Fischhalle zu: Hier drängten sich Käufer und Verkäufer. Es wurde diskutiert und gehandelt. Pollino war begeistert: Auf den Bänken der Händler gab es alle nur vorstellbaren Fische und Meerestiere zu kaufen: Schwarze Miesmuscheln; zinnoberrote Scampi; bizarr aussehende Drachenköpfe und Peterfische, deren Fleisch besonders zart und saftig ist; Goldbrassen und Seebarsche, die ebenso gut schmecken.

Miesmuschel

„He Pollino!", rief Ivan aufgeregt, „schau mal – dort drüben schleppen sie einen riesigen Schwertfisch an!" Aus nächster Nähe besahen sich die beiden Burschen den Fisch mit dem langen schwertartig verlängerten Oberkiefer. Pollino stupste Ivan leicht in die Seite: „Ziemlich gefährlich, das spitze Ding! – Das trägt seinen Namen nicht zu unrecht!"

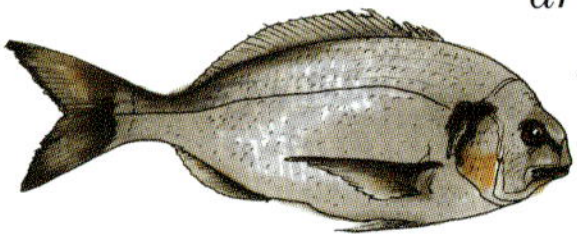

Goldbrasse

Sardine

Makrele

Nichts destotrotz: Ein solches Schwert hätte Pollino allzu gerne besessen.

An einem anderen Stand wurden kleine Sardinen und mehrere Kilo schwere Thunfische verkauft. Vor Pollinos Augen zerschnitt der Fischhändler einen Thunfisch: „Hier, vier Scheiben, etwa ein Kilo. Supergünstig, nur 45 Kuna. Das wird ein Festschmaus!" Pollino überlegte kurz: '45 Kuna, das waren... etwa 6 Euro.' „Abgemacht!" – Der Mann verstaute den Thunfisch für Pollino in einem Plastiksäckchen. Wie bereitet man den zu?", wollte Pollino noch von dem Mann wissen, der sich trotz aller Hektik des Geschäftes für Pollino Zeit nahm. „Du musst die Scheiben nur abwaschen, salzen und etwas Zitrone darüberträufeln. Bevor du sie auf den Rost legst, bestreichst du sie mit etwas Olivenöl. Jede Seite gute fünf Minuten grillen, fertig! Übrigens, fein gehackter Knoblauch in Öl würzt den Fisch perfekt. Wie viele Personen seid ihr denn?"„Vier", antwortete Pollino knapp. „Willst du dann vielleicht auch noch ein paar Sardinen – herrliche Meeres-Pommes-frittes als Vorspeise? Ich gebe dir ein Kilo für 10 Kuna." „Meeres-Pommes-frittes? – Was bedeutet das?", fragte Pollino neugierig. „Ganz einfach: Kleine Sardinen isst man wie Pommes: reinbeißen, kauen und runterschlucken!" „Wie, mit Haut und Haaren, äh Schuppen und Gräten?" – Pollino schaute etwas ungläubig drein. „Klar", erwiderte der Fischändler. „Man wäscht sie gut ab, wendet sie in Mehl und dann ab in die Pfanne mit Öl – rausbacken,

Drachenkopf

Thunfisch

Seebarsch

dann auf eine Serviette legen, um das Öl abtropfen zu lassen, salzen, etwas Zitrone und fertig! Ihre Gräten sind so klein, dass auch Kinder problemlos reinbeißen können." Gerne nahm Pollino die Sardinen: Er würde das Abendessen selbst vorbereiten.

Pollina und Laura waren mit dem Bus in die Stadt gekommen. Sie stiegen am Halt bei der Tankstelle aus und gingen in Richtung des kleinen Hafens am Ostufer der Insel. Es war 9 Uhr morgens. Sie waren früh aufgebrochen, denn heute hatten sie ein volles Tagesprogramm. Pollina wollte sich die Sehenswürdigkeiten der größten Stadt des Archipels nicht entgehen lassen.

2 Die Bucht des heiligen Martin

Zusammen gingen die beiden die Straße zum kleinen Hafen von Sveti Martin hinunter. „Hier in diesem schön gelegenen Fischerhafen begann die Geschichte des großen „kleinen Dorfes". Einige aus jener Gruppe von Ankömmlingen, die auch Veli Lošinj gründeten, haben sich in dieser Bucht niedergelassen. Sie nannten ihr Dorf 'Malo Selo' – das 'kleine Dorf'. Eigentlich müssten die Orte jetzt ihre Namen tauschen, denn in Veli Lošinj leben etwa 1000 Einwohner, in Mali ungefähr sechseinhalb mal so viele", scherzte Laura.

Der Ortsteil mit dem kleinen Hafen, in dem ihr euch befindet, ist nach der Kirche in dieser Bucht benannt. Sie ist dem heiligen Martin geweiht. Warum haben die damaligen Bewohner gerade dem heiligen Martin diese Kirche gewidmet? Vielleicht lässt sich das dadurch erklären, dass hier in dieser Gegend früher Wein angebaut wurde. Bei den Lošinjer Weinbauern wird der heilige Martin nicht nur als Wohltäter der Armen verehrt, sondern bei ihnen ist es seit jeher Brauch, den Heiligen auch um seinen Beistand und Segen für das Gelingen des neuen Weins zu bitten. Um die Zeit, wenn das Fest des heiligen Martin gefeiert wird (11. November), sind die Weintrauben, die wenige Monate vorher gelesen wurden, zu Wein vergoren. Den jungen Wein lassen die Winzer am 11. November taufen.

Die Kirche des heiligen Marin entstand zwischen 1450 und 1490 und ist das älteste Bauwerk der Stadt. Das Schicksal meinte es jedoch nicht gut mit ihr. Als Mali Lošinj Mitte des 17. Jahrhunderts zu einer Pfarrgemeinde erhoben wurde, beschloss man zunächst, die Kirche zu vergrößern und mit sieben vergoldeten Holzaltären reich auszuschmücken. Doch dann Anfang des 19. Jahrhunderts brach es über die Kirche herein. Mali Lošinj war inzwischen zu einer großen und reichen Gemeinde herangewachsen. Wieder galt es, das Kirchengebäude zu vergrößern. Dafür riss man erst einmal Teile der Kirche ab. Doch die Arbeiten mussten bald eingestellt werden. Denn nach dem Fall Venedigs waren napoleonische Truppen in Lošinj eingerückt. Diese wurden wiederum von den Engländern bekämpft, die den Franzosen in den Inselgewässern heftige Kämpfe lieferten. Während der Kriegswirren wurden die Inselstädte mehrmals geplündert. Dabei wurde auch das Bild des heiligen Martin, das den Hauptaltar der Kirche schmückte, von Engländern gestohlen. Die Kirche aber wurde nicht wie geplant fertiggestellt, immer noch mehr Gebäudteile wurden entfernt. Gleichzeitig sank das Interesse der Bevölkerung an einer Erweiterung der Kirche, denn das Zentrum des Ortes hatte sich inzwischen in Richtung des neuen Hafens verlagert. Dort waren große Schiffswerften entstanden. Anstelle der einstigen Kirche hat man dann später eine Friedhofskapelle gebaut. Keine Spur mehr von vergoldeten Altären!

Mali Lošinj - einer der schönsten Adria-Häfen

Die Pfarrkirche Mariä Geburt

Mali Lošinj hatte sich schon ab Anfang des 18. Jahrhunderts dem Seehandel und dem Schiffbau zugewandt. Der neue Hafen in der Baldagušta war dafür wesentlich besser geeignet als der Hafen von Sankt Martin. Die Baldagušta war geräumiger und wesentlich besser geschützt. In Sankt Martin blieben nur Fischer. Zum neuen Mittelpunkt der Stadt wurde der Platz vor der Pfarrkirche der Mariä Geburt. Diese große Kirche wurde Ende des 17. Jahrhunderts erbaut und 50 Jahre später noch einmal erweitert.

Die Marienstatue in einer Felslandschaft in der Kirche Mariä Geburt

Zwei Säulenreihen teilen den Kirchenraum und geben ihm ein feierliches Aussehen.
Der hohe Hauptaltar besteht aus rosafarbenem Marmor. Ihn umgeben die Figuren des heiligen Petrus und des heiligen Romulus, dessen Reliquien (*s. Begriffserklärungen*) im Altar aufbewahrt werden. Die Kleidung zeigt euch, welchen Beruf Romulus aus-

übte: Er diente als römischer Soldat. Den Palmzweig trägt er in der Hand, weil er als Märtyrer starb. Der heilige Romulus wurde nun neben dem heiligen Martin zum zweiten Schutzheiligen der Stadt.

Im Altargemälde zeigt der Maler, der mit dem Namen *Alvise* signierte, die Geburt Mariens.

Links neben dem Chorraum *(Chor, s. Begriffserklärungen)* befindet sich eine Marienstatue in einer künstlichen Felslandschaft.
Viel zu entdecken gibt es auf den Gemälden der beiden Seitenaltäre an der linken, der nördlichen Kirchenwand. Das erste wurde kurz nach Erweiterung des Kirchenbaus angefertigt. Es zeigt drei Heilige: Nikolaus, Rochus sowie Antonius von Padua. Den ersten, Bischof Nikolaus, kennt ihr mit Sicherheit. Der zweite, Rochus, war ein französischer Adeliger, der Ende des 13. Jahrhunderts geboren wurde. Seine Eltern starben sehr früh. Bereits als junger Mann schenkte er sein ganzes Vermögen den Armen. In der Folge kümmerte er sich vor allem um Menschen, die an der Geißel jener Zeit, der Pest, erkrankt waren. Aber auch er steckte sich mit der todbringenden Krankheit an. Er zog sich daraufhin in eine Hütte in einem Wald zurück, wo ihm ein Engel erschien, der ihn gesund pflegte. Der Hund eines Nachbarn versorgte ihn, während er daniederlag mit Brot. Rochus wird von den Gläubigen angerufen, damit er sie vor Seuchen bewahre. Der dritte ist der heilige Antonius von Padua. Er wurde als Kind einer adeligen Familie im Jahr 1188 in Portugal geboren. Er wirkte als Franziskaner-Mönch in Marokko und vor allem in Italien, wo er durch seine Predigten begeisterte und viele Menschen zu Christen bekehrte. Die Legende erzählt, dass er sich einst in der italienischen Stadt Rimini an der Adria-Küste aufhielt. Doch die Bevölkerung wollte ihm nicht zuhören. Da vernahmen die Fische im Meer seine Worte. Sie versammelten sich und reckten voller Neugier ihre Köpfe aus dem Wasser. Erst jetzt schenkten auch die Einwohner Antonius Glauben und ließen sich bekehren. Auf dem Gemälde erkennt ihr auch eine Ansicht von Mali Lošinj. Darauf zu sehen ist die

Marienkirche mit dem großen Platz davor. Im Hafen liegt ein Segelschiff.

Über dem zweiten Seitenaltar seht ihr die Schutzheiligen von Osor sowie von Rab und Krk – die benachbarten Inseln. Den heiligen Gaudentius von Osor habt ihr bereits kennen gelernt. In Krk verehren die Menschen den heiligen Quirin, während die Bewohner von Rab dem heiligen Christophorus als Schutzheiligen huldigen. Abgebildet findet ihr auch den heiligen Martin, den anderen Schutzheiligen Mali Lošinjs, sowie den heiligen Joseph, den Nährvater Jesu.

Laura und Pollina standen vor der Kirche. Sie bewunderten die Gestaltung des Platzes, der wie eine riesige Terrasse angelegt und im Schachbrettmuster gepflastert ist. Unterhalb der Terrasse befand sich früher die Zisterne der Stadt. „Pollina, sieh dir mal den Engel auf der Spitze des Glockenturms an! Heute blickt er nach Nordosten, es weht also Bura." „Wieso verrät dir der Engel die vorherrschende Windrichtung?", fragte Pollina. „Der Engel ist so konstruiert, dass er sich stets in den Wind dreht. Sein nach vorn ausgestreckter Arm und Zeigefinger deuten in die Richtung, aus der der Wind bläst. Für Seefahrer gibt es kaum wichtigere Beobachtungen. Denn aus dem Wind lesen sie auch ab, wie sich das Wetter entwickeln wird", anwortete Laura.

Die Bardina-Treppe

Pollina und Laura gingen nun die so genannte Bardina-Treppe, die im 18. Jahrhundert angelegt wurde, hinab zur Hafenbucht. Sie führte vorbei an Villen und Häusern, die einst reichen Schiffbauern und Händlern gehörten. Doch hohe Mauern behinderten den Blick. Nur an einem grünen Hoftor gelang es den beiden, die wunderschöne Fassade einer alten Villa näher zu betrachten.

Pollina und Laura hatten sich in einem Café an der Hafenmole mit ihren Brüdern verabredet. Nach einem gemeinsamen Frühstück wollten sie der Nautischen Schule einen kurzen Besuch abstatten. Von dort ging es dann in Richtung Čikat-Bucht. Dort war eine Halte-

stelle des Ausflugsschiffes, mit dem sie zur Insel Susak starteten. Pollino und Pollina waren schon ganz aufgeregt. Seit Tagen hatten sie sich auf diese Tour nach Susak gefreut.

(4) Die alte Nautische Schule

Oben: Das Wappen von Mali Lošinj
Unten: Fischerboote im Hafen

Sie überquerten den Hauptplatz am Hafen. Fast alle Tische in den Cafés waren nun besetzt. Über den Platz schlenderten Urlauber in kurzen Hosen und knappen T-Shirts. „Dort drüben, das große Gebäude neben dem Fischmarkt, das ist die ehemalige Schiffahrtsschule von Mali Lošinj", erzählte Ivan, „wir bezeichnen sie als 'Nautische Schule'. Die Nautische Schule wurde bereits 1855 eingerichtet. Junge Matrosen erhielten darin eine perfekte Ausbildung zum Seemann. Erfahrene Seeleute und Wissenschaftler unterrichteten sie in praktischen Dingen, aber auch in Mathematik, Navigation und Astronomie. Bis 1975 war die Schule darin untergebracht. Dann wurde die neue Nautische Schule weiter oben am Berg gebaut. Das alte Gebäude war inzwischen baufällig geworden. Aber jetzt steht es unter Denkmalschutz, und es wird sicherlich bald renoviert werden. Nur schade, dass der Brauch des Kanonenschusses aufgegeben wurde!", bedauerte Ivan.

„Was für ein Kanonenschuss?", fragte Pollino neugierig. „So lange die Schiffahrtsschule in dem alten Gebäude war, feuerte der Schuldiener Punkt zwölf Uhr mittags eine kleine Kanone ab, die vor dem Schulgebäude postiert war. – Geladen mit einer echten Kugel, hat mir mein Papa erzählt."

5 *Sie stiegen nun den so genannten* **'Kalvarienberg'** *hinauf. Entlang des Weges stehen 14 kleine Kapellen mit Bildern, die die Stationen des Kreuzweges Jesu zum Golgatha-Berg außerhalb Jerusalems zeigen. Mit dem Namen 'Kalvarienberg' werden gewöhnlich Hügel bezeichnet, auf denen die Kreuzigung Jesu dargestellt ist.*

Nur wenige Schritte waren es zu dem Gebäude der neuen Nautischen Schule, die in der Form eines großen Schiffes gebaut wurde. Sie erklommen die Stufen des 'Mitteldecks'. Die Aussicht vom 'Bug' war einmalig. Sie konnten die gesamte Baldagušta-Bucht überblicken.

Lošinjer Schiffe

Es wehte noch immer leichter Bora-Wind. Den Seglern, die gerade den Hafen verließen, blies der Wind direkt ins Gesicht. „Bei Bora ist es ganz schön anstrengend, aus der lang gestreckten Bucht hinauszufahren. Sieh nur Pollino, wie schräg die Segler bei diesem Kurs hart am Wind im Wasser liegen!" „Ich versteh aber nicht, wieso sie nicht gleich bei der ersten Mündung der Bucht ins offene Meer hinausfahren", sagte Pollino. „Ganz einfach, diese Mündung ist zu seicht, da passen nur Boote mit wenig Tiefgang hindurch. Alle anderen Schiffe und Boote müssen den Ausgang am Ende der Bucht nehmen", antwortete Ivan, der nun ganz in seinem Element war.

Der Dreimaster „Imperatrice Elisabetta" – das größte Schiff, das in Mali Lošinj gebaut wurde

„Auch ich möchte einmal Kapitän werden", brach es aus ihm heraus. „Schließlich ist die Schifffahrt hier in Lošinj zu Hause. Schon vor 400 Jahren bauten wir Schiffe. Der erste berühmte Kapitän war der Schiffseigentümer Blaž Gladulić, hast du seine Grabplatte in der Kirche von Veli Lošinj gesehen? War seine Grip nicht ein tolles Schiff: bauchig, wendig, mit zwei wunderschönen Dreieckssegeln?
Während der Zeit unter den Venezianern war die Seefahrt für die Einheimischen noch recht schwierig. Schließlich entschieden die Venezianer, welche Waren transportiert und wie viel Schiffe gebaut werden durften. Viele Seeleute aus Lošinj waren daher gezwungen, auf venezianischen Schiffen zu fahren. Aber als Venedigs Herrschaft endete, brachen gerade für Mali Lošinj goldene Zeiten an. Der Ort entwickelte sich zu einem großen Zentrum des Seehandels und des Schiffsbaus. Hier gab es im 19. Jahrhundert zeitweise sechs Schiffswerften, die wunderschöne Holzsegler bauten: kleine Küstenschiffe, aber auch riesige Dreimaster, wie die Imperatrice Elisabetta, die eine Tragfähigkeit von 2.500 Tonnen hatte. Das Schiff war nach der österreichischen Kaiserin Elisabeth benannt. Zum Stapellauf der Imperatrice Elisabetta war sogar Kaiser Franz Joseph anwesend. Die Lošinjer Schiffe befuhren die großen Handelsrouten nach Süd- und Nordamerika; sie segelten im Schwarzen Meer und in der Nordsee. Der Niedergang kam, als das Dampfschiff den Großsegler ablöste. Die Lošinjer Werften waren auf den Bau von Holzschiffen spezialisiert, doch die Dampfschiffe waren Riesen aus Stahl. Im Jahr 1900 waren nur noch sechs Segler der Lošinjer Segelflotte auf den Meeren im Einsatz, und weitere 10 Jahre später waren diese Handelsschiffe ganz verschwunden. Aber die Kunstfertigkeit des Holzschiffbaus hat sich bis heute auf der Insel gehalten. Die Werft in Nerezine baut und repariert noch immer Holzschiffe."

Schule auf den Inseln – die neue Nautische Schule

Laura und Pollinas Gespräch drehte sich indessen, wie könnte es anders sein, um das Thema Schule. Laura erklärte Pollina, wie das Schulsystem in Kroatien allgemein und im Besonderen in Mali Lošinj funktionierte: „In Kroatien besuchen die Schüler und Schülerinnen acht Jahre die Hauptschule, danach kann jeder wählen, welche Ausbildungsrichtung er einschlagen will. Dann kommen die Schüler und Schülerinnen hierher in die Nautische Schule von Mali Lošinj, eine Art Mittelschule. Stell dir vor, die Kinder von der Insel Unije, auf der ingesamt nur etwas mehr als 80 Menschen leben, werden jeden Schultag mit dem Flugzeug in die Schule geflogen. Und selbst die Schüler aus dem weit entfernten Cres werden, wenn dort die Klassen die Mindestgröße nicht erreichen, mit dem Bus hierher gefahren. Insgesamt nehmen etwa 400 Schüler jedes Jahr am Schulunterricht teil.

An der Nautischen Schule gibt es ganz verschiedene Richtungen und Ausbildungszweige. Einmal ist da die Hotelfachschule. Dort kann man eine Ausbildung zum Koch oder Kellner machen. Das dauert insgesamt drei Jahre. Vier Tage in der Woche ist Unterricht an der Schule, einen Tag arbeiten die Schüler in einem Betrieb. Die Touristik-Schule ist für Lošinj sehr wichtig. Hier lernen die Schüler und Schülerinnen alles über die Arbeit in Hotels und Reiseagenturen. Auch eine Handelsschule kann man besuchen, in der man innerhalb von drei Jahren eine kaufmännische Ausbildung erhält. Vier Jahre büffeln heißt es im Gymnasium.
Zu guter Letzt gibt es auch noch die eigentliche Nautische Schule. Sie ist wie ein mathematischer Zweig des Gymnasiums mit Schwerpunkt auf der Seefahrt. Hier wird man auf die Offizierslaufbahn vorbereitet. An die vier Jahre Unterricht schließt sich noch ein Jahr Dienst auf einem Schiff als Kadett an. Wer Kapitän werden möchte, muss auch das Universitätsstudium für Seefahrt abschließen. Und damit nicht genug: Es folgt eine Zeit als Offizier auf der Brücke oder im Maschinenraum. Das Kapitänspatent erhält man dann erst, nachdem man sich als Offizier bewährt hat.

„Ich habe gehört", warf Pollina ein, dass ihr von Mitte Juni bis Anfang September Ferien habt. So lange hätte auch ich gerne frei!" „Das stimmt schon", antwortete Laura, „aber wie du selbst merkst, ist es im Sommer hier einfach zu heiß, um dem Unterricht aufmerksam zu folgen. Und außerdem haben wir ansonsten nicht sehr viele Ferien im Jahr: Drei Wochen in der Weihnachtszeit, zehn Tage an Ostern, die Ferien im Sommer – das war's." Pollina war sichtlich beruhigt...

Die Čikat-Bucht: Zwischen Villen, Hotels und Pinienbäumen

Die vier waren an der Straßenkreuzung zur Sonnenbucht in einen Pfad, der durch den Pinienwald führte, eingebogen. Schon nach wenigen Minuten hatten sie die Čikat-Bucht erreicht. Türkis schimmerte das Meer zwischen dem saftigen Grün der Pinien hindurch. Die 7 *zwei Geschwisterpaare standen vor der* **Statue des Lošinjer Lehrers Ambroz Haračić**. *Der gebürtige Lošinjer hatte als Lehrer an der Nautischen Schule unterrichtet. Ihm gebührt ein ganz besonderes Verdienst, weshalb man ihm auch gerade in der Čikat-Bucht ein Denkmal setzte.*

Oben: Das Denkmal für Ambroz Haračić
Unten: Die Čikat-Bucht vor der Bewaldung

„Hier steht einer der berühmtesten Lošinjer", sagte Laura in feierlichem Ton. „Aber Spaß beiseite. Wer weiß, was aus Lošinj ohne unseren Ambroz Haračić geworden wäre! Dieser Mann hat sich eingehend mit dem Klima, der Planzen- und Tierwelt auf der Insel Lošinj befasst. Um das Klima der Insel zu erforschen, hatte er im Jahr 1879 eine Wetterstation an der Nautischen-Schule eingerichtet.
Ambroz Haračić hat mit seinen Messungen herausgefunden, dass in Mali Lošinj ein sehr viel milderes Klima als an anderen Orten, die auf dem selben geographischen Breitengrad liegen, vorherrscht. Zudem gibt es hier keine allzu krassen Temperaturunterschiede und eine fast gleichbleibend hohe Luftfeuchtigkeit. Aufgrund seiner Aufzeichnungen wurden Ärzte in Wien auf die Vorzüge des Lošinjer Klimas aufmerksam. Damals wuchs unter den Medizinern die Erkenntnis, dass der Aufenthalt in mildem Meeresklima eine erfolgreiche Behandlung von Erkrankungen der Atemwege, von Bronchien und Lunge zuließ. Mali und Veli Lošinj, das besagten die Ergebnisses des Ambroz Haračić, waren geradezu ideale klimatische Kurorte.

Schnell erkannten die Gelehrten, dass Mali Lošinj damit beste Vorausetzungen für Tourismus bot, und so wurde 1886 der Fremdenverkehrsverein von Lošinj gegründet. Der Schiffbau lag bereits im Argen. Gott sei Dank war nun der Grundstein für eine neue Erwerbsquelle in Lošinj gelegt: den Tourismus.

Besonders gut geeignet für eine touristische Nutzung war die Čikat-Bucht, so die einhellige Meinung der Sachverständigen. Diese Bucht ist nur einen Katzensprung vom Städtchen entfernt und daher für Spazier-

Ansicht des Hotels Alhambra auf einer alten Postkarte

gänger ohne große Anstrengungen zu erreichen. Obendrein ist die Öffnung der Bucht zum Meer hin sehr klein, sodass sie stets vor heftigem Wind und großen Wellen geschützt ist. Aber die Landschaft hier – wie die gesamte Umgebung Mali Lošinjs – war ziemlich öde. Schatten spendende Bäume waren kaum vorhanden, nur kleine Büsche und Kräuter wuchsen auf dem kargen Boden. Daher rief man 1888 einen Verein zur Bewaldung und Verschönerung Lošinjs und der Čikat-Bucht ins Leben. Ambroz Haračić leitete die Bewaldungsaktion. Im ersten Jahr des Bestehens wurden 30.000 Bäumchen gepflanzt; es handelte sich um Kiefernbäume, und zwar genauer gesagt um zwei Arten von Pinien. Im zweiten Jahr setzte man doppelt so viele. Und im vierten Jahr hatte man die Zahl von insgesamt 250.000 erreicht. Aber ich kann euch versichern: Die Arbeit war ziemlich mühevoll. Zuerst mussten 25cm tiefe Löcher mit einem Durchmesser von 40cm in Reihen ausgehoben werden. Der Abstand zwischen den Reihen betrug zwischen 1 Meter und 1,20 Meter. Der steinige Boden erforderte für das Graben natürlich kräftige Männer. Dann wurden darin einjährige Kiefernbäumchen eingegraben. Mädchen legten Steine um die Setzlinge herum, damit diese nicht vom Unkraut überwuchert wurden und auch die Wurzeln vor der Sonnenhitze besser geschützt waren. Es sind 197.000 Bäume angewachsen – und noch immer stehen viele von ihnen. Was wäre die Čikat-Bucht ohne diese riesigen Pinien, und ohne den Lehrer Haračić? Heute noch spazieren die Touristen gerne diese Bucht entlang im Schatten der immergrünen Pinien. Der Verein hat sich zudem um die Ausbesserung der Wege und Pfade gekümmert. Bänke wurden aufgestellt, die Spaziergänger zur Rast einladen."

Im Jahr 1892 wurden Mali und Veli Lošinj offiziell zu Kurorten erklärt. Schnell entwickelte sich der Tourismus zum wichtigsten Wirtschaftszweig des Ortes. Hotels und Pensionen schossen wie Pilze aus dem Boden. Auch Privatzimmer wurden an Urlauber vermietet. Im Jahr 1907 gab es in Mali Lošinj 93 Häuser, die Urlaubsgäste aufnahmen. Die meisten Hotels und Pensionen entstanden an der östlichen Uferpromenade.

Hier schlenderten die Gäste schon damals entlang, um schließlich in eines der schönen Kaffeehäuser einzukehren. Als Gäste kamen vorwiegend betuchte Bürger und Adelige der Österreichisch-Ungarischen Monarchie, zu der auch die Inselgruppe Cres-Lošinj gehörte.

In der Čikat-Bucht entstanden großzügige Villen mit prächtigen Gärten und komfortable Hotels. Diese Gebäude prägen auch heute das Bild der Bucht. Nicht weit entfernt vom Denkmal des Lehrers Haračić steht
8 die **Villa Adelma**. Sie ist das einzige Gebäude, das über die gesamte Zeitspanne im Original erhalten geblieben ist. Leider ist sie ungenutzt. Der Spazierweg
9 führt weiter zum ehemaligen Hotel **Alhambra**, das 1912 gebaut wurde. Das Hotel, das ebenfalls nicht mehr in Betrieb ist, verfügte einst über 40 Zimmer und 5 große Säle, in denen die feine Gesellschaft speiste und sich vergnügte. Die Zimmer hatten einen Balkon oder eine Loggia mit Blick auf das Meer.

Die schönste und größte Villa der
Bucht ist die **Villa Carolina**. 10
Früher hieß sie Carola. Es wird erzählt, dass ein reicher Ungar sie für seine Geliebte, eine Dame mit Vornamen Carola, erbauen ließ. Der Hausherr lud zu prunkvollen Festen. Im Salon und in der Loggia wurde getanzt und gefeiert. Zudem war die Villa luxuriös ausgestattet: Im ersten Stock befand sich ein riesiges Badezimmer mit fließendem Wasser, das von der Zisterne im Park hinaufgepumpt wurde. Im Park wuchsen exotische Pflanzen und eine Fontäne plätscherte.
Das romantische Hotel **Villa Hortenzija** wurde bereits vor dem 11
Ersten Weltkrieg (1914-1918) in Betrieb genommen. Auch heute noch dient es als Hotel.

Die Villa Carolina – die prunkvollste Villa in der Čikat-Bucht

Die Čikat-Bucht wurde von den Urlaubsgästen nicht nur wegen ihrer landschaftlich so reizvollen und ausgedehnten Spazierwege geschätzt. Die Lošinjer richteten hier schon bald einen Badestrand ein, der zum Schwimmen und Planschen einlud. Gegen Ende des 19. Jahrhunderts wurde das Baden im Meer bei den Urlaubern immer beliebter. Unterhalb der Terrasse, nicht weit entfernt vom Hotel Hortenzija, neben der Surfschule, findet ihr noch einen Teil des ehemaligen Badestrandes. Hier waren die Umkleidekabinen untergebracht. Damals ziemte es sich nicht, die Kleidung in der Öffentlichkeit zu wechseln. Gebadet und geschwommen wurde in Badeanzügen, die Frauen und Männer gleichermaßen trugen. Damals gab es unter den Gästen sehr viele Nichtschwimmer, die bereits in den Kabinen große Schwimmreifen anlegten. Männer und Frauen badeten voneinander getrennt. Und auch Sonnen und Bräunen war damals verpöhnt. Die Badegäste hielten sich die meiste Zeit unter Sonnenschirmen auf, denn weiße Haut galt ihnen als vornehm.

Die vier Freunde waren auf der Mole unterhalb des Hotels Alhambra angelangt und warteten auf das Ausflugsschiff, das hier anlegte und sie nach Susak bringen würde. Noch war genügend Zeit. Sie breiteten ihre Strohmatten als Unterlage auf der Mole aus. Pollino und Ivan waren bereits in Badehosen: „Mir ist sooo heiß, Gott sei Dank ist die Zeit der Badeanzüge für Jungen vorbei!", sagte Pollino. Die beiden wollten erst mal eine Runde schwimmen. Doch zu allererst frischten sie sich ab, bevor sie von der Mole ins Meer hüpften.

Pollina und Laura saßen auf ihren Strohmatten und betrachteten die Windsurfer, die mit ihren bunten Segeln in der Bucht hin und her fuhren. Der Wind hatte inzwischen von Bora auf Maestral gedreht. Es wehte eine kleine Brise vom Meer her: „Sieh mal Pollina, hättest du nicht auch mal Lust auf Windsurfen? Der Surfer mit den blonden, längeren Haaren fährt gerade einer Gruppe von Kindern voraus. Das ist Elmar, der Surflehrer. Seine Surfschule befindet sich gegenüber der Villa Hortenzija. Er ist ein perfekter Surfer und Lehrer. Auch ich hab schon einmal einen Kurs bei ihm gemacht, das war ein Mordsspaß!" Pollina war überzeugt: Wenn sie das nächste Mal auf die Inseln käme, zum Windsurfen wäre sie als Ballettratte sicherlich gut geeignet.

Wenn ihr angeln wollt, dann benötigt ihr eine Genehmigung. Die bekommt ihr bei den Fremdenverkehrsämtern in Mali Lošinj oder in Cres

Pollinas Blick fiel nun auf das gelb-weiße Kirchlein am Ausgang der Bucht. „Wie hübsch die Kapelle liegt!", bemerkte Pollina. „Die Kapelle ist der Muttergottes geweiht", berichtete Laura, die schon unzählige Male mit ihrem Fahrrad auf dem Weg an der Kapelle vorbei in die angrenzende Sonnenbucht geradelt war. „Die Einheimischen nennen sie einfach 'Madonna'. Vor fast 500 Jahren haben die Lošinjer an dieser Stelle das erste Kirchlein gebaut. Daraus ist der heutige Anbau der Kirche geworden. Für die Menschen hier aber hat die 'Madonna' große Bedeutung. An ihrer Vorderseite steht geschrieben: 'Wende nicht die Augen ab von der Helligkeit dieses Sterns, wenn du nicht willst, dass dich Stürme umbringen'. Die Muttergottes gilt als Beschützerin der Seefahrer. Und hierher kamen die Lošinjer Seefahrer und auch ihre Frauen und Mütter, um Maria um ihren Schutz auf dem Meer zu bitten.

„Was bedeutet denn eigentlich der Name Čikat?", fragte Pollino, der an der Seite Ivans bis fast in die Mitte der Bucht geschwommen war. „'Čekati' heißt auf Deutsch warten. Die Bucht bekam ihren Namen aufgrund der Frauen, die hier auf die gesunde Heimkehr ihrer Männer warteten. Sie beteten dafür in der Kapelle. Und neben dem Leuchturm hielten sie Ausschau nach den Schiffen", erklärte Ivan.

Die Kapelle der Muttergottes – auf Italienisch heißt sie „Madonna"

Endlich war es so weit. Das Ausflugsschiff machte am Poller fest. Inwzischen hatten sich mehrere Passagiere eingefunden, die mit auf die benachbarte Insel Susak kamen.
Schnell rollten die vier ihre Matten zusammen und schnappten ihre Rucksäcke. Pollino und Pollina hatten auch ihre Taucherbrillen und Flossen eingepackt, um auf Susak zu schnorcheln. Sie hatten gehört, dass die Insel und auch der Meeresboden vor der Insel aus feinem Sand bestünden – vielleicht waren dort am Meeresgrund ja Stücke aus der Ladung irgendeines antiken Schiffes, das vor Susak gekentert war, zu finden:

Münzen oder sogar Amphoren, über Jahrtausende bedeckt mit Sand, die nun frei gespült worden sind? Ivan hatte sehr zur Freude Pollinos seine Angel mitgenommen. Einen Versuch war es allemal wert. Susak ist bekannt für seine fischreichen Gewässer.

Ein Ausflug mit Kapitän Mate zur Insel Susak

Beim Betreten des Schiffes wurden die vier vom Kapitän des Ausflugsschiffes mit Limonade empfangen, während er an die anderen Fahrgäste Rotwein ausschenkte: „Damit ihr mir nicht seekrank werdet", rief er mit lauter Stimme. „Willkommen an Bord!"

Nun wandte er sich den Geschwistern zu: „Hallo, ich bin Kapitän Mate. Und euch beide, Ivan und Laura, kannte ich schon als ihr noch in den Windeln gesteckt habt, aber wer sind denn eure Begleiter?" „Das sind Pollino und Pollina, sie und ihre Eltern wohnen in den Ferien im Haus gegenüber unseres Restaurants. Sie sind das erste Mal in Lošinj, da wollten wir ihnen unbedingt auch mal die Insel Susak zeigen", sagte Ivan.

„Aha, dann kommt mal mit nach vorne ihr Landratten, zu mir ins Führerhäuschen!" Das Schiff legte ab und tuckerte gemählich aus der Čikat-Bucht hinaus. Der Kapitän zeigte Pollino und Pollina zunächst das Steuerrad und seine wichtigsten Instrumente: das Funkgerät und das Radar, auf dem alle anderen Fahrzeuge, die sich in der Nähe befanden, als kleine Punke abgebildet waren. „Habt ihr Lust, mal das Steuer zu übernehmen? Kurs West!". Für kurze Zeit standen Pollino und Pollina am Steuer. Danach setzten sich die Geschwister auf das Führerhäuschen, denn der Kapitän begann, über Susak und andere Inseln, über Fischfang und Fischerglück zu erzählen:

„Die Insel Susak liegt 7 Seemeilen von Mali Lošinj entfernt. Wisst ihr wie viele Kilometer das sind? Nein? Die Kilometerzahl erhaltet ihr, wenn ihr die Meilen mit 1,852 multipliziert. Heutzutage, mit den schnellen Booten sind 7 Seemeilen keine Entfernung mehr, doch früher, als man nur kleine Segler zur Verfügung hatte, lebten die Menschen auf der Insel ziemlich abgeschieden. Auch Susak war wie die anderen Inseln schon früh von Kroaten besiedelt worden. Doch durch die einsame

Blick auf das Untere Dorf von Susak

Lage im Meer hat sich eine ursprüngliche und alte kroatische Sprache erhalten, in die sich auch manch venezianischer Ausdruck eingeschlichen hat. Aber dieses Altkroatisch der Susaker, das verstehe nicht einmal ich, obwohl ich ein gebürtiger Mali Lošinjer bin. Genauso einmalig wie ihre Sprache ist auch die farbenprächtige Festtagstracht der Susaker Frauen: Die Röcke sind kurz und bauschig, denn sie tragen mehrere Schichten von Unterröcken darunter. Ihre Strümpfe sind aus feuerroter oder grellrosa Wolle.

Die Menschen auf der Insel Susak lebten früher vor allem vom Weinbau und vom Fischfang. Die Insel besteht aus sandigem Boden. Da wachsen zwar kaum Bäume, aber dafür gedeihen die Weinreben besonders gut. Und im Frühjahr ziehen an der Insel riesige Schwärme von Sardellen vorbei.
Doch in den 60er Jahren des vergangenen Jahrhunderts ging der Verkauf des guten Susaker Weins stark zurück. Eine Vielzahl von Familien verließ deswegen die Inseln und wanderte aus. Ihr Ziel waren vor allem

die USA. Doch jeden Sommer kommen etliche der Auswanderer oder ihrer Nachfahren nach Susak zurück, um hier die Ferien zu verbringen.

Heute leben in den beiden Dörfern auf der Insel nur knapp 200 Menschen. Vom Unteren Dorf, das direkt am Meeresufer liegt, führt eine Treppe den Hügel hinauf in das Obere Dorf. Autostraßen gibt es auf der Insel nicht. Wohnen und übernachten kann man in Privatzimmern, die von den Einheimischen vermietet werden. Und es gibt einige Restaurants, die vorzügliche Fischgerichte zubereiten. Und erst der lange, goldfarbene Sandstrand im Süden des Unteren Dorfes...!

Das Dorf auf Ilovik – Ilovik, ein verträumtes und wunderschönes Inselchen

Als das Ausflugsschiff am Hafen im Unteren Dorf festgetäut wurde, gab der Kapitän den vieren noch einige wertvolle Tipps mit auf den Weg. „In der Kirche im Oberen Dorf findet ihr ein Kruzifix aus dem 12. Jahrhundert!“ – „Das ist ja dann, ähm... rund 900 Jahre alt”, rechnete Pollina schnell. „Komm Laura, bevor wir zum Strand gehen, sollten wir uns das unbedingt ansehen! Und danach finde ich auf dem Meeresgrund den Schatz eines gesunkenen Schiffes aus dem Altertum!” Pollina war ganz aufgeregt. „Oh”, entfuhr es dem Kapitän, „das bezweifle ich, denn in der Antike fuhren die Schiffe doch stets in geschützten Gewässern. Susak lag ihnen bereits viel zu weit draußen im Meer. Aber, mit meinem Ausflugsboot steuere ich morgen die kleine Insel Ilovik an. Dort könntet ihr mehr Glück haben. Im Kanal zwischen Lošinj und Ilovik wurden schon etliche antike Fundstücke aus dem Meer geborgen. „Vielleicht hat die Strömung von dort etwas nach Susak getragen“, erwiderte Pollina. „Und wenn ich doch leer ausgehe, das macht gar nix – schnorcheln mit meinem Bruder bringt immer Spaß!”

„Und ihr Jungs haltet wohl erst einmal Ausschau nach einem großen Fang? Aber nicht enttäuscht sein, wenn's nicht klappt, der frühe Nachmittag ist sicher keine gute Zeit für den Fischfang – außer es kommt ein Wetterumschwung. Denn bei ruhiger See, bevor Regen einsetzt, ist es optimal." Pollino sah nach oben: Der Himmel war tiefblau, nur über den Bergen am weit entfernten Festland waren weiße Wolken zu sehen. „Aber lasst euch die Hoffnung nicht nehmen, Glück braucht jeder Angler. Und wenn euch kein Erfolg beschieden ist – die Erinnerung an einen sonnigen Nachmittag auf einer kleinen Sandinsel im azurblauen Meer bleibt euch sicher."

Ausflüge in die Natur

1. Ausflug: Zu den Höhlenmenschen

In der Nähe des Strommasten befindet sich dieser Felsen mit Markierung

DAUER: Bis zur Höhle etwa 45-minütiger Fußmarsch.
ZIEL: Die Erdhöhle „Jami na Sredi", die aus zwei Räumen besteht.

Etwa 5,4 Kilometer nach der Abzweigung von Osor Richtung Punta Križa gibt es die Möglichkeit, die Fahrräder oder das Auto neben einem Gatter auf der linken Straßenseite zu parken. Ihr müsst die Straße überqueren. Am weit und breit einzigen Strommasten beginnt die Wanderung. Rechts neben dem Strommasten ist eine rote Markierung auf einem Felsen aufgemalt, die euch führt. Bergan geht es Richtung Wes-

ten. Immer geradeaus. Nach etwa einer Viertelstunde trefft ihr auf der linken Seite auf ein riesiges Wasserloch, das als Schaftränke dient. An den Erdhaufen im Westen der Tränke sieht man, dass Menschen dieses Wasserloch angelegt haben. Die Bäume, die das Wasserloch säumen, spenden Schatten, sodass die Schafe auch im Sommer hier noch Wasser vorfinden. Weiter geht es immer geradeaus Richtung Westen (das Wasserloch bleibt linker Hand). Der Weg beginnt leicht abzufallen. Und der Blick wird frei auf die gegenüberliegende Insel Lošinj. Der Pfad kreuzt nun den Feldweg, der Osor mit Punta Križa verbindet. Hinter diesem Feldweg seht ihr eine lange Steinmauer, die ab jetzt euer Orientierungspunkt ist. Nun bitte nicht mehr den Markierungen folgen, die sehr verwirrend angebracht sind! Ihr geht den Feldweg einige hundert Meter nach links (Süden). Rechts von euch befindet sich noch immer die Steinmauer. Dort, wo ihr diese Steinmauer leicht überqueren könnt, geht ihr hinüber. Auf der anderen Seite angekommen, die Steinmauer ist nun links von euch, seht ihr bereits einen Pfad, der wiederum nach wenigen hundert Metern zur Höhle führt. Ab jetzt ist wieder die rote Markierung zu sehen. Vorsicht, denn die Höhle liegt unterhalb des Weges, und in der Erde werden zwei riesige Löcher sichtbar. Da man am Rand dieser Löcher entlanggeht, besteht Absturzgefahr!!! Von nun an ist der Abstieg gut gekennzeichnet. Es ist ein wunderbares Gefühl in dieser Höhle zu stehen, wo Menschen schon vor etwa 7.500 Jahren gelebt haben. Sie besteht aus zwei Räumen. Einer befindet sich ganz in das Erdreich eingegraben. Von diesem geschützten Raum führt ein niedriger Durchgang zu einem großen, weiteren Raum, der nach oben hin geöffnet ist. Darüber ist der Himmel und Baumgeäst zu sehen.

Toller Blick aus der Höhle

2. Ausflug: Quer über die Insel: Von Veli Lošinj zur Balvanida-Bucht

ZIEL: Die Balvanida-Bucht auf der Westseite im Süden der Insel Lošinj.
DAUER: Einfache Wegstrecke: etwa 1h45m.
AUSGANGSPUNKT: Der große Parkplatz im Süden von Veli Lošinj (oberhalb der Bushaltestelle).

Vom Parkplatz geht es an der kleinen Kapelle vorbei Richtung Kirche des heiligen Nikolaus (die Wegweiser, die zu dieser Kirche führen, bezeichnen die Kirche als Heilige Anna – verwirrend, aber für euch kein Problem. Denn findet ihr sie auf dem Plan des Rundgangs durch Veli Lošinj eingezeichnet). Der Weg zur Kirche führt stetig bergauf. Wenn ihr vor der Kirche steht und nach Westen zur Bergkette seht, erkennt ihr oben auf dem Kamm eine Kapelle. Sankt Ivan. Dorthin führt zunächst euer Weg. Mehrere Möglichkeiten bieten sich euch. Am besten ihr nehmt den rechten Weg, der mit einem roten Punkt als Markierung gekennzeichnet ist. Nach wenigen Metern schon kommt ihr an einer Straußenfarm vorbei. Die Tiere werden euch sicher neugierig mustern. Der Weg ist steil, man geht auf Geröll, aber die Mühen lohnen sich. Oben auf dem Bergrücken, auf einer Straße angekommen, geht ihr nach rechts zur schönen Kapelle, die dem heiligen

Oben: Gegenüber der Kirche seht ihr die Wegweiser

Unten: Vorbei an der Straußenfarm

Ivan geweiht ist. Unter Bäumen könnt ihr hier rasten und Brotzeit machen. Welch toller Ausblick: Bei klarer Sicht reicht der Blick von Veli Lošinj über die Inseln Cres, Krk, Rab, Pag bis hin zum Festland. Von der Kapelle geht es Richtung Süden die Straße entlang. Ihr solltet die erste Abzweigung nach rechts Richtung Krivica-Bucht nehmen. Bergab führt ein schmaler Steig. Nur wenige Bäume und Büsche bieten Schatten, sodass man ständig der Sonne ausgesetzt ist. Doch das Meer der Krivica-Bucht lockt. Hier schneidet sich das Meer tief ins Land ein. Dahinter die tiefblaue offene See. Im Süden erkennt man die nahe Insel Ilovik. Im Hintergrund tut sich die Inselwelt Norddalmatiens auf: Die Inseln Premuda, Silba. Hier beginnt schon die einzigartige Inselwelt der Kornaten.

Unten angekommen, wird schnell klar, warum die Krivica-Bucht auch „Millionärs-Bucht" genannt wird. Von Ostern bis September ankern große Segel- und Motorjachten in dieser landschaftlich so reizvollen Bucht, in der sich der Wald bis kurz vor das Ufer erstreckt und das Meer türkis bis dunkelgrün schimmert. Das glasklare Meer lädt euch zum Schwimmen ein. Ihr findet sicher einen Fels- oder Kiesstrand, der eine Möglich-

Abstieg. Im Hintergrund die Krivica-Bucht

keit zum Baden bietet. Die Balvanida-Bucht, das Ziel eures Weges, befindet sich südlich, in der angrenzenden Bucht. Der Weg dorthin ist leicht zu finden. Auf Schildern ist bereits die Gastwirtschaft der Balvanida-Bucht angekündigt. Dort bekommt ihr deftige Speisen serviert. Ein Tipp für den Rückweg. Wenn ihr nicht denselben Weg zurückgehen möchtet, auf dem ihr gekommen seid, könnt ihr gleich nach dem Gatter den Weg rechts Richtung Veli Lošinj den Berg hinauf einschlagen. Dieser Pfad ist beschildert.

3. Ausflug: Auf den höchsten Berg der Insel Lošinj: Zur Höhle des heiligen Gaudentius.

Ziel: Der höchste Berg des Osorščica-Gebirges im Norden der Insel Lošinj.
Dauer: etwa 1h15m.
Ausgangspunkt ist die Bushaltestelle in Nerezine. (Wenige Meter davon entfernt befindet sich ein großer Parkplatz).

Von der Bushaltestelle geht es Richtung Mali Lošinj, der Hauptstraße entlang. Nach wenigen Hundert Metern zweigt ein Weg ab und führt Richtung Westen,

Die Kapelle des Sveti (=Sankt) Ivan

Richtung Berghang. Auf den Hinweisschildern stehen die Gipfel des Gebirgszuges angeschrieben: Der *Televrina* mit 588 Metern und der *Sveti Nikola* (der *heilige Nikolaus*) mit 558 Metern. Der Weg, der nach oben führt, ist nicht zu verfehlen. Die rote Markierung ist zuverlässig; an unübersichtlichen Stellen sind Hinweisschilder angebracht. Der Aufstieg ist äußerst lohnenswert. An Tagen mit guter Fernsicht – wenn Meeres- und Lufttemperatur sich einander angleichen und damit nur wenig Dunst über dem Meer entsteht – hat man den „totalen" Überblick über die Adria. Das Auge reicht bis zum Apennin-Gebirge in Italien. Unterhalb des Gipfels stehen weitere Hinweisschilder: Ein Weg führt zur Kirche des heiligen Nikolaus, der andere zur Höhle des heiligen Gaudentius und weiter zum Gipfel des Televrina. Die Höhle des heiligen Gaudentius ist ein Muss. Darin lebte der Einsiedler, einst Bischof der Stadt Osor. Hier verwünschte er alle Giftschlangen von der Insel. Die Legende des heiligen Gaudentius habt ihr sicherlich im Rundgang durch die Stadt Osor bereits gelesen.

Zwei Bitten zum Schluss:
1. Wenn euch der Weg auf den Wanderungen durch Gatter führt: Bitte Gatter wieder schließen, damit Schafe und Ziegen nicht entweichen können!

2. Bitte niemals eine Steinmauer, die mit viel Mühe aufgebaut wurde, beschädigen!

Die Natur schützen!

Die Schönheit der Landschaft und das kristallklare Meer bilden die Voraussetzung, damit sich die Urlaubsgäste auf den Inseln wohl fühlen und gerne hierherkommen. Eine wichtige Bedeutung kommt daher dem Schutz der Natur zu – um auch in Zukunft Menschen das Leben auf den Inseln zu ermöglichen.

Stichwort: *Wasser auf den Inseln*
Das Trinkwasser der Inseln stammt aus dem 60 Meter

tiefen Vrana-See auf der Insel Cres. Er liegt eingebettet in eine weitläufige kraterförmige Landschaft, sodass große Mengen Regenwasser in den See fließen und sich dort sammeln. Bereits seit 1959 leiten Rohre das Wasser des Sees in die Inselgemeinden. Das Wasser hat beste Qualität und gehört zu den saubersten in ganz Europa. Der Zutritt zum See ist strengstens verboten, um jegliche Verschmutzungsgefahr zu vermeiden!

Stichwort: *Müll*

Leider kommte es immer wieder vor, dass Touristen ihren Müll in der Natur hinterlassen: Plastiksäcke, Flaschen, Papier, eben alles, was man mitgebracht hat und nach einem Tag am Strand oder am Ziel eines Ausflugs nicht länger benötigt. Die Landschaft wird so zur Mülldeponie.

Auch der Unrat, den die vielen Segler und Motorbootfahrer verursachen, indem sie leere Flaschen, Dosen, Plastikverpackungen und Ähnliches über Bord werfen, treibt an die Strände. Das Meer behält diese Gegenstände nicht, die Strömung wirft sie an Land, wo sie ein wenig einladendes Bild abgeben.

Die Gemeinde Mali Lošinj setzt seit einigen Jahren das Schiff „EKO“ ein, das die Strände abfährt. Die Besatzung sammelt den Müll ein. Aber die mühevolle Arbeit ist nicht überall zu schaffen, allzu zerklüftet und lang ist die Küste um Mali Lošinj und die vorgelagerten Inseln. Seid anderen ein Vorbild! Müll gehört nicht ins Meer, in den Wald, auf Weiden oder zwischen die Felsen am Strand, sondern in den Mülleimer!

Stichwort: *Feuergefahr*

Wenn in der Hitze des Sommers der Boden und die Pflanzen ausdörren, ist die Gefahr von Waldbränden sehr groß. Bitte keine Flaschen wegwerfen! Glassplitter wirken als Brenngläser. Leicht entzünden sie ein Feuer.

Stichwort: *Abwasser*

In den kleineren Gemeinden gibt es keine Kanalisationen. Dort verfügt jedes Haus über eine so genannte

„Sickergrube" im Garten, in die die Abwässer hineingeleitet werden und sich abbauen, indem sie langsam im Gestein versickern. In einer großen Gemeinde wie Mali Lošinj fallen, gerade in der Hochsaisaon, wenn Urlauber die Einwohnerzahl verfünffachen, große Mengen an Abwässern an. Früher wurden sämtliche Abwässer in einem Kanalisationssystem aufgefangen und auf der östlichen Seite ungeklärt ins Meer gepumpt. Doch seit kurzem gibt es in Mali Lošinj eine große Kläranlage, in der Filter das Abwasser reinigen, bevor es ins Meer gelangt.

Sehenswerte Inselorte

Beli

Beli ist einen Ausflug wert! Im Mittelalter war Beli wie Lubenice eine selbständige Stadt. Majestätisch wacht der Ort auf einem Hügel hoch über dem Meer. Die Liburner waren die Ersten, die auf dieser Hügelkuppe siedelten und ein Fluchtburg errichteten. Um die weitere Geschichte Belis rankens sich sagenhafte Erzählungen. So soll der Name des Ortes von König Beli herrühren. Beli war ein König der Kelten. Die Kelten wanderten im 4. Jahrhundert vor Christus aus ihren Ursprungsgebieten nordwestlich der Alpen nach Süden, in die Länder Frankreich, Spanien, Italien und auch Kroatien – sie zogen bis Griechenland, in die Türkei und weiter. König Beli führte seinen Stamm nach Oberitalien und in das Siedlungsgebiet der Liburner.

Zu Zeiten der Römer hieß der Ort *caput insulae*: das *Haupt der Insel* – ragt dieser Hügel nicht tatsächlich wie ein Kopf hervor?

Beli liegt auf einem Hügel über dem Meer

Ein kleiner Rundgang bietet sich durch diesen geschichtsträchtigen Ort an. Am Ortseingang seht ihr kleine Hütten, deren Steine ohne Mörtel aufeinandergeschichtet wurden. Die Gebäude verfügen lediglich über eine Tür, aber keine Fensteröffnungen. Heute dienen sie ausschließlich als Ställe. Im Mittelalter aber wurden solche Behausungen von Mensch und Tier gemeinsam genutzt. Man verzichtete damals auf Fenster, um die Wärme nicht entweichen zu lassen.

Oben: Hütte am Ortseingang von Beli

Links zweigt die Straße ab. Sie führt steil hinunter zu einem schönen Strand mit groben Kieselsteinen, an dem sich auch der kleine Campingplatz des Ortes befindet. In der Antike lag hier ein wichtiger Seehafen.

Geradeaus führt der Weg an dem Gasthaus *Gostionica Beli* vorbei in den Ortskern – in diesem rustikal engerichteten Gasthaus gibt es übrigens leckerstes Essen! Die schmale Straße führt den Berg hinauf. Vor der Loggia, die ihr auf der rechten Seite seht, stand im Mittelalter das Stadttor. Und auf diesem kleinen Platz davor hatte man den Pranger aufgestellt. Die Gesetzesbrecher mussten hier Hohn und Spott der Passanten ertragen. Die überdachte Loggia war Treffpunkt der Menschen des Ortes. Das Haus auf der gegenüberliegenden Seite verfügt über eine besonders schöne erhöhte Terrasse vor dem Eingang. Wie ihr im Kapitel „Wie die Menschen leben" erfahren habt, werden solche Terrassen *balatura* genannt. Sie sind typisch für bäuerlich-dörfliche Häuser.
Nach einem kurzen Anstieg gelangt ihr zum Kirchplatz. Die heutige Pfarrkirche der *Heligen Maria* entstand auf den Grundmauern einer Kirche aus dem 10./11. Jahrhundert. Einige Überreste aus dieser fernen Zeit sind noch sichtbar. Etwa die Grabplatten im Innern der Kirche. Die Inschriften sind in glagolitischer Schrift abgefasst. Und auch der untere Teil der Apsis (*s. Begriffserklärungen*) stammt aus jener Zeit. Unter dem Loggia-ähnlichen Bau an der Außenseite der Kirche befindet sich eine sehr schöne Steinmetzarbeit, die ebenfalls zur alten Kirche gehörte. Es handelt sich um das Bruchstück einer Platte mit wunderbaren Verzierungen.

Die Skulptur von König Bela

Um zu einer mystischen Skulptur zu gelangen, überquert ihr den großen Platz vor der Kirche. In der Gasse, die bergab führt, seht ihr über einem Eingang auf der rechten Seiten einen steinernen Kopf aus der Mauer ragen. Er ist schon stark verwittert, doch noch sind Augen und Mund zu erkennen. Den Erzählungen der Einheimischen zufolge soll es sich um eine Darstellung des ungarisch-kroatischen Königs Bela handeln. Er soll die Inseln besucht und in diesem Haus sogar gewohnt haben. Das wäre vor über 800 Jahren gewesen. Auch diese Skulptur könnte bereits so alt sein.

Überall tun sich von hier oben Ausblicke auf das Meer und die vielen Inseln im Südosten auf. Unvergesslich!

Direkt an der *Gostionica Beli* zweigt ein Feldweg ab. Nur wenige hundert Meter geht es bergab. Dann steht ihr auf einer Jahrtausende alten Brücke. Die Römer haben sie gebaut. Sie führt über einen scheinbar ausgetrockneten Bach. Aber im Herbst, bei kräftigem Regen, füllt sich das Bachbett. Es entsteht eine reißende Ache. An dieser Stelle bei der Brücke bildet sich dann ein Wasserfall. Die Römische Brücke, oder wie sie auf Kroatisch übersetzt heißt: *rimski most*, ist auch Station eines Natur- und Kulturlehrpfades. Am Ortseingang von Beli, oberhalb der Parkplätze, befindet sich das Öko-Zentrum „Caput Insulae". Dieses Schulungs- und Forschungszentrums in Sachen Natur und Kultur kümmert sich vor allem um den Schutz

Beli: Haus mit „balatura"

der Vögel (insbesondere der Gänsegeier) auf der Insel Cres. Das Öko-Zentrum hat auch den großen Natur- und Kulturlehrpfad angelegt (es gibt daneben noch zwei kürzere Rundgänge).
Das Gebäude des Zentrums, eine ehemalige Schule, ist Ausgangspunkt und Ziel dieser mehr als zweistündigen und 7 Kilometer langen Wanderung durch Wälder und Weiden der so gennanten *Tramuntana*. So heißt die Landschaft im nördlichen Cres, wo früher die reichen Creser Patrizier große Ländereien besaßen. Dort entstanden Gehöfte, kleine Dörfer und Hirtensiedlungen. Der Pfad soll den aufmerksamen Wanderern die einzigartige Natur und auch das ursprüngliche Leben der Menschen in diesem Teil der Insel näher bringen. Gesäumt wird der Pfad von Werken des Künstlers Ljubo de Karina aus Rijeka. Auf den 20 Skulpturen finden sich Verse des Dichters Andro Vid Mihičić, der 1892 in Beli geboren wurde. Die Broschüre des Öko-Zentrums ist packend! Sie berichtet über viele interessante Details der Geschichte und der Natur der *Tramuntana*. Dem Öko-Zentrum solltet ihr unbedingt einen Besuch abstatten!

Das Restaurant Zlatni lav in Martinšćica war früher eine Destillerie für ätherische Öle

Martinšćica

Der Ort liegt an der Westküste der Insel Cres. Mit weniger als 200 Einwohnern ist er jedoch die zweitgrößte Siedlung auf der Insel. Namenspatron ist der heilige Martin, dem eine kleine Kirche im Ort geweiht ist. In Martinšćica (die Einheimischen sprechen es Martischnitsa aus) gibt es auch ein sehenswertes Franziskaner Kloster, in dem heute noch Mönche leben. Gegründet wurde das Kloster von jenem Franziskaner-Mönch, dem ihr bereits auf dem Rundgang in Osor begegnet seid: Pater Matthäus aus Bosnien. Als er im 15. Jahrhundert vor der türkischen Bedrohung aus Bosnien floh, verschlug es ihn auch nach Martinšćica. Hier lebten viele Einsiedler. Es gelang dem umtriebigen Mönch, diese gottesfürchtigen und enthaltsam lebenden Menschen für das Klosterleben zu gewinnen. Das Kloster selbst kann heute noch besichtigt werden. Kloster und Kirche sind einfach und schlicht ausgestattet, wie es von den Franziskaner-Mönchen ursprünglich beabsichtigt war. Die

Mönche wollten von der Hinwendung zu Gott nicht durch Prunk abgelenkt werden. In dem großen Gebäude direkt neben der Hafenmole wurden früher ätherische Öle aus den heimischen Kräutern gewonnen, wie etwa Rosmarin-Öl. Heute ist darin ein Restaurant untergebracht, das mit vorzüglichen Speisen aufwartet.

Kristallklar ist das Meer in Martinšćica

Im Sommer ist Martinšćica ein viel besuchter und lebendiger Anziehungspunkt für Touristen. Private Appartments gibt es zu mieten, und in der Nähe befindet sich ein sehr schöner Campingplatz. Das Meer hier ist so sauber und klar, dass man in nächster Nähe des Ortes schwimmen und baden kann. Zudem locken schöne Kies- und Felsenstrände.

Nerezine

Nerezine liegt inmitten einer fruchtbaren Landschaft, am Fuße des Osoršćica-Gebirges. Hier befanden sich einst die Ländereien der reichen Osorer Bürger. Diese Nutzung der Landschaft gab dem Ort auch sein typisches Aussehen. Die Häuser stehen verstreut, errichtet inmitten bebauter Felder. Oft wird Nerezine als das „schönste Dorf" an der Adria bezeichnet. Das liegt wohl in erster Linie an den gepflegten Gärten der Nereziner, in denen Blumen üppig blühen, Wein und Obstbäume angepflanzt sind. Aber gleichzeitig dehnt sich Nerezine auch zum Meer hin aus.

Nerezine, ein hübsches Dorf

Nerezine verfügt über einen

kleinen malerischen Hafen, an dem Einheimische und Urlauber entlangspazieren.
Sehenswert im Ort ist vor allem das Franziskaner-Kloster mit seinem dreistöckigen Glockenturm. Das Kloster entstand im frühen 16. Jahrhundert. In seiner Kirche gibt es eindrucksvolle Kunstschätze zu bewundern, wie etwa das Gemälde über dem Hauptaltar, das die Heiligen Franziskus und Gaudentius zeigt. Das Bild wurde von einem venezianischen Meister angefertigt. Interessant ist auch die Darstellung der Muttergottes mit dem Jesuskind und einer Rose. Wenn ihr das Kloster besuchen wollt und ihr die Tür verschlossen vorfindet, bitte klingeln. Der Mönch wird euch gerne öffnen!
Im Ort gibt es Restaurants, die hervorragende Pizzeria „Mornar" am Hauptplatz sowie einige Eisdielen. Selbst im Sommer, wenn die Inselorte von Touristen oft überschwemmt werden, behält Nerezine seinen ruhigen Charakter.

Orlec

Orlec ist ein kleines verschlafenes, aber sehr gemütliches Dorf. Da es einige Kilometer von der Küste entfernt liegt, ist es kein touristisches Zentrum. Ein wunderschönes Bauerndorf. Die Einwohner des Ortes leben vor allem von der Schafzucht. Der Name Orlec hat mit der kroatischen Bezeichnung für „Geier" zu tun. Es ist anzunehmen, dass der Ort nach den Gänsegeiern, die hier ihre Kreise ziehen, benannt ist.

Eine Kapelle in Punta Križa

Punta Križa

Dieser Ort auf dem Inselkamm passt gut ins Bild der kleinen ländlichen Dörfer auf den Inseln. Allerdings ist diese Ansammlung von Häusern europaweit bekannt. Denn nur wenige Kilometer entfernt, befindet sich an der wild zerklüfteten Küste ein riesiger Campingplatz.

Valun

Einen Abstecher nach Valun solltet ihr unbedingt einplanen. Das zauberhafte Fischerdorf liegt an der Südseite der großen Creser Bucht. Nicht nur die vielen gemütlichen Lokale laden ein. Zu sehen ist in der

Pfarrkirche des Ortes eine Kopie der berühmten „Platte von Valun" – ihr erinnert euch sicher: jene Grabplatte aus dem 11. Jahrhundert mit der glagolitischen Inschrift. Einst hing das Original in der Kirche im Ortsteil Bućev, oberhalb von Valun gelegen, an der Straßenkreuzung nach Lubenice.

Stivan, Ustrine, Predošćica und andere mehr

Im Inneren der Inseln gibt es viele kleine und romantische Dörfer, die ihr Aussehen über Jahrhunderte kaum verändert haben – außer dass inzwischen meist asphaltierte Straßen zu ihnen führen und Strom- und Telefonmasten mit ihrem Kabelgewirr an das Computerzeitalter erinnern. Wenn ihr also zufällig in Orten wie Stivan, Ustrine, Predošćica und wie sie alle heißen, Urlaub macht oder sie erwandert oder auch mit dem Auto bereist, genießt es: Die einfachen, bäuerlichen Häuser mit ihren wunderbaren Gärten, die Ruhe und auch die Menschen, die es selten eilig haben, all das findet man bei uns zuhause kaum mehr.

Das Fischerdörfchen Valun

Essen auf den Inseln

Der Speisezettel der Inselbewohner orientiert sich in erster Linie an der hervorragenden Qualität der Grundprodukte, wie Gemüse, Salat, Fisch und Fleisch.

Zubereitet werden raffinierte Gerichte mit Meerestieren, einfach aber hervorragend schmeckendes gegrilltes Fleisch bis hin zu den vielfältigsten Gemüsesorten, die auf den Inseln und an der kroatischen Küste gedeihen. In der Kochkunst der Creser und Lošinjer wird einerseits die lange Herrschaft Venedigs auf die Küche spürbar: Leckere Reis- und Nudelgerichte gibt es in Hülle und Fülle. Andererseits ist auch die balkanische Küche mit ihren Fleisch- und Gemüsegerichten vertreten.
In den verschiedenen Lokalen der Inseln bekommt ihr serviert:

Fleisch:
Čevapčići – Hackfleischröllchen
Pljeskavica – Hackfleisch. Der kroatische Hamburger.
Ražnići – Schweinefleischspießchen
Lammragout mit Gnocchi (Gnocchi stammen aus der italienischen Küche; es sind Miniaturknödel aus Kartoffelteig.)

Gemüse:
Sarma – Krautwickel. Krautblätter gedünstet und Hackfleischfüllung.
Punjene Paprika – Gefüllte Paprika. Die Fülle der Paprika besteht meist aus Reis und Fleisch. (Die gelben Paprika sind die milderen).
Blitva – Eine Beilage aus gekochten Kartoffeln und Mangoldblättern, mit Knoblauch!

Nudel- und Reisgerichte:
Spaghetti gibt es in allen Variationen.
Risotto – Reisgericht. Mit Tintenfischen oder Meeresfrüchten.

Fischgerichte:
Lignje – Tintenfische, gebacken oder gegrillt.
Riba – Fisch. Auf den Inseln gibt es frischen Fisch. Er schmeckt gegrillt oder gebacken (gebackener Katzenhai ist vorzüglich!).

Rezepte aus der Inselküche

(nach Adriano Nikolić)
Zum Schluss noch einige Tipps, welche Inseltypischen Speisen ihr mit euren Eltern selbst am Campingplatz oder im gemieteten Appartment auf unkomplizierte Weise zubereiten könnt.

Vorspeise:
Tintenfisch- und Oktopussalat
Ihr benötigt für 4 Portionen:
500g Tintenfisch und/oder Oktopus vom Fischmarkt. 300g Kartoffeln, eine halbe Zwiebel, 3 Knoblauchzehen, 1 Bund Petersilie, 1 Esslöfel Olivenöl, 1 Esslöffel Weinessig, Salz und Pfeffer.
Zuerst die Tintenfische putzen (Flossen abtrennen und den mittleren durchsichtigen Knochen aus dem Inneren entfernen). Gründlich innen und außen mit Leitungswasser waschen. Oktopus putzen (waschen, den Beutel mit der Tinte entfernen). Tintenfische und Oktopus kochen, bis sie weich sind (das dauert etwa 10 Minuten). Währenddessen Kartoffeln mit Schale gar kochen. Danach Tintenfische, Oktopus und Kartoffeln abkühlen lassen. Kartoffeln schälen. Alles in kleine Stücke schneiden. Zwiebeln, Knoblauch und Petersilie zerhacken und mit Tintenfischen, Oktopus und Kartoffeln vermengen. Mit Öl, Essig, Salz und Pfeffer würzen.

Leichte Hauptspeise für heiße Tage:
Gebackener Schafskäse
Ihr benötigt für 4 Portionen:
500g jungen, wenig gereiften Schafskäse (rahmigmild, vom Laib). 20ml Olivenöl; 1 Knoblauchzehe, 1 Prise Origanopulver; Salz und Pfeffer.
Den Käse in acht gleichgroße Stücke schneiden. Das

Olivenöl wird in der Pfanne erhitzt. Knoblauchzehen schälen und ins Öl geben, den Knoblauch leicht andünsten und wieder herausnehmen. Jetzt den Käse ins Öl legen und von beiden Seiten anbraten. Herausnehmen und mit Origano, Salz und Pfeffer vorsichtig würzen. Dazu passt am besten Weißbrot und Tomatensalat.

Hauptspeise:
Lammkoteletts (gebraten oder gegrillt)
Das Lammfleisch, das ihr in den Metzgereien bekommt, stammt von der Insel und ist von hervorragender Qualität.
Ihr benötigt für vier Personen:
1,6 Kilo Lammkoteletts; 1 Prise Thymian, einige Blättchen Salbei, 1 Lorbeerblatt, 3 Zehen Knoblauch, 1 Ästchen Rosmarin, 20 ml Olivenöl.
Zunächst eine Marinade vorbereiten aus: Öl, Knoblauch (kleinschneiden), Salbei, Lorbeerblatt, Rosmarin. Die Koteletts zwei Stunden darin einlegen. Grillen und ab und zu mit der Marinade bestreichen (je öfter desto würziger!). Zu den Koteletts einen gemischten Salat und Weißbrot servieren.

Nachspeise:
Palačinke
Der Palačinke ist ein hauchdünner Pfannkuchen und eine landesübliche Nachspeise. Er wird folgendermaßen zubereitet. Ihr benötigt für den Teig (vier Personen): 250g Mehl, 1 Prise Salz, 3 Eier, ein viertel Liter Milch und etwas Mineralwasser (der Teig muss dünnflüssig werden. Die Zutaten der Reihe nach zusammenmengen und gut verrühren (zuerst Mehl, Eier, Salz, Milch und Wasser). Zum Ausbacken des Palačinke: Eine Pfanne mit heißem Olivenöl vorbereiten. Möglichst wenig Teig in der Pfanne verlaufen lassen, so werden die Pfannkuchen extra dünn – hellbraun ausbacken. Den Palačinke mit Zucker bestreuen oder mit Marmelade oder Nutella heiß genießen!

Inselfeste und Veranstaltungen

Traditionelle Feste
Weihnachten, Fasching, Ostern – das sind, wie auch bei euch zuhause, die großen Feste, die die Menschen auf den Inseln feiern. In der Art, wie die Feste begangen werden, sind aber durchaus Unterschiede zu unseren Bräuchen festzustellen. So ist es vor allem im Dorf Nerezine Sitte, dass Kinder und Jugendliche am Abend des 24. Dezember Verwandte oder die Eltern von Freunden aufsuchen und dort Lieder singen, die dem Haus und der Familie Glück bringen sollen. Daraufhin werden sie vom Hausherrn festlich bewirtet. Die Weihnachtsgeschenke bekommen die Kinder erst am Morgen des 25. Dezember. Das Christkind bringt die Geschenke nachts.

Große Feste feiern die Dörfer und Städte auf den Inseln am Tag ihres Schutzpatrons. Wie ihr euch erinnern werdet, ist der Heilige Isidor der Schutzheilige von Cres (2. Januar). In Mali Lošinj wird neben Romulus auch der heilige Martin (11. November) verehrt, in Veli Lošinj der heilige Antonius (17. Januar).

Veranstaltungskalender
In den Dörfern und Städten der Insel werden aber nicht nur Feste gefeiert, die auf alte Bräuche zurückgehen, sondern die Einheimischen organisieren während der Sommerzeit auch Veranstaltungen, die für die Unterhaltung der Urlaubsgäste sorgen. Hier eine kleine Auswahl, geordnet nach Inselorten:

Cres
Berühmt ist das Stadtfest von Cres zwischen dem 5. und 8. August mit Konzerten und Theateraufführungen. Dieses Fest wird bereits seit Jahrhunderten zu Ehren der Mutter Gottes vom Schnee, der die Creser Pfarrkirche geweiht ist, veranstaltet. Wie ihr erfahren habt, ließ es die Gottesmutter am 5. August im Jahr 356 in Rom schneien. Früher wurde während der Festtage großer Markt abgehalten, zu dem Menschen aus nah und fern, sogar aus Venedig, anreisten. Es lohnte sich, denn es wurden keine Steuern auf die gehandelten Waren erhoben.

Belej
Im kleinen Dorf Belej wird der Namenspatron Sankt Rochus (16. August) gefeiert – ein schönes Fest mit Tanz.

Lubenice
Im romantischen Dorf gibt es zwischen Mitte Juli und Mitte August Musikabende mit klassischer Musik und Folklore.

Nerezine
Am 2. August beginnt ein Dorffest in Nerezine.

Mali/Veli Lošinj:
Ende Juli feiert Veli Lošinj ein Stadtfest mit vielen Wettbewerben für Kinder. Zudem gibt es Musik, einen Schwimmwettbewerb und gutes Essen.

In Mali Lošinj finden zwischen Ende Juni und Ende September eine Reihe von Festen und Veranstaltungen statt – allesamt auf dem großen Platz im Hafen. Die Musik steht dabei im Vordergrund: Einheimische Folkloregruppen treten auf genauso wie Rock- und Popbands.

Im August wird in Veli Lošinj „Der Tag des Delfins" begangen. Spiele und Informationen für Kinder und Erwachsene geben Einblick in die Welt der Delfine, die in den Inselgewässern leben.

Osor
Berühmt sind die klassischen Musikabende der Stadt Osor im Juli und August. Auskünfte und Buchungen unter 051-237110, oder 237007 (Tourist-Büro)

Susak
Am 28. August wird auf der Insel Susak ein Fest in Erinnerung an die Menschen gefeiert, die ihre Heimat verließen, um im Ausland ihren Lebensunterhalt zu verdienen. Ein Volksfest mit Tanz und Folklore. Auch die Lošinjer kommen mit ihren Booten gerne zu diesem Fest.

Typisch für die Inseln ist die so genannte Klapa, eine kleine Gesangsgruppe von Männern oder Frauen. Sie singen melancholische mehrstimmige Lieder meist ohne Instrumentbegleitung über das Leben und die Liebe. Berühmt ist die Creser Frauen-Klapa „Teha".

Sportmöglichkeiten

Eine Vielzahl von Wassersportarten könnt ihr auf den Inseln ausüben oder erlernen. Habt ihr Lust auf Windsurfen (ab einem Alter von 7-8 Jahren) oder professionelles Tauchen mit Sauerstoffflasche (ab einem Alter von etwa 12 Jahren)? In den Tauchschulen könnt ihr auch ganz normale Schnorchelausflüge mit Lehrer buchen! Daneben gibt es auf den Inseln eine Vielzahl von Tennisplätzen, da man hier fast das ganze Jahr über im Freien spielen kann.
Im Folgenden wird euch

eine Auswahl der besten Adressen für Sport auf den Inseln geboten. Dabei beschränken sich die Sportmöglichkeiten größtenteils auf die großen Zentren des Tourismus: Cres und Mali Lošinj.

Cres
Der Campingplatz Kovačine und das Hotel Kimen bieten eine Vielzahl von Sportmöglichkeiten: Tennis, Volleyball, Minigolf, Tischtennis. Hier findet ihr auch eine Tauchschule.

Martinšćica
Am Campingplatz Slatina gibt es eine Tauchschule.

Punta Križa
Campingplatz Baldarin: 3 Tennisplätze.

Mali Lošinj
Mali Lošinj ist das Sportzentrum der Inselgruppe:
In der „Sunčana Uvala, der „Sonnenbucht", bei den Hotels Aurora und Vespera, 10 Tennisplätze.

Die Čikat-Bucht bietet:
- Windsurfen: *Windsurfschule Sunbird*: Hier bekommt ihr professionelle Anleitung in Schnupper- oder Wochenkursen. Immer neuestes Surfmaterial! Auch Kurse im Katamaransegeln werden angeboten. Internet: www.sunbird.de
- Fahrradverleih bei *Windsurfschule Sunbird*;
- Tauchen und Schnorcheln: *Adriatic Divers*. Internet: www.adriaticdivers.de; und *Diving sport center*, Tel. 051-232800;
- sowie Minigolf, Tischtennis, Bootsverleih, Tennisplätze;
- in der Čikat-Bucht im Sommer: Aquapark.

Veli Lošinj
Am Hotel Punta: Tenniszentrum: 12 Plätze.

Nerezine
Schnorcheln und Tauchen: *Nautical Center*, nahe am Restaurant Dolac, 50 Meter (nördliche Richtung) vom Hafen, Tel. 051-237362.

13 Regeln für einen super Urlaub

Für ungetrübten Badespaß:

1. Badeschuhe schützen vor Seeigeln oder Verletzungen an spitzen Steinen und Felsen, aber auch vor den gefürchteten Petermännchen-Fischen. Durch eine ihrer Rückenflossen sondern sie ein starkes Blut- und Nervengift ab. Da sich diese Fische gerne im Sand vergraben und kaum auszumachen sind, besteht die Gefahr, daraufzusteigen und verletzt zu werden. Eine solche Begegnung ist für den Menschen äußerst schmerzhaft und erfordert unbedingte Behandlung im Krankenhaus. Falls dieser Unglücksfall eintreten sollte: Die Stelle, an der das Gift eingetreten ist muss, unbedingt warm gehalten werden – auf keinen Fall kühlen!

2. Nicht mit vollem Magen oder überhitzt schwimmen gehen. Der Kreislauf ist gefährdet!

3. Nicht zu weit hinausschwimmen! Das Meer ist kein großer Swimmingpool. In Kroatien darf man nur 100 Meter vom Ufer aus gemessen ins Meer hinausschwimmen. Motorboote bilden eine große Gefahr!! Mit langsamer Geschwindigkeit dürfen sie sich der Küste eigentlich nur auf 150 Meter nähern, damit die Schwimmer geschützt sind. Jenseits von 300 Metern gibt es keine Beschränkung mehr, dann rasen die Boote vollgas dahin. Ein Schwimmer ist bei hohen Geschwindigkeiten für den Kapitän nur schwierig zu erkennen. Übrigens. Auch Haie sind im offenen Meer zuhause.

Allerdings sind die Haiarten in den Gewässern der Insel für den Menschen ungefährlich.

4. Nicht von Felsen oder Kaimauern ins Meer springen, ohne die Örtlichkeit und die Wassertiefe zu kennen!

Wandern und radeln – Umsicht und Ausrüstung

5. Umsicht beim Radlfahren! Bitte bedenkt, dass die Hauptstraße der Insel sehr eng und an vielen Stellen unübersichtlich ist.

6. Nur mit Helm! Beim Radlfahren solltet ihr trotz Sonne und Hitze nicht auf den Helm verzichten. Er schützt nicht nur bei Stürzen, sondern auch gegen Sonnenstich.

7. Nur mit festen Schuhen! Fürs Wandern in den Hügeln und Bergen sind trittfeste Schuhe anzuraten.

Vor der Sonne schützen – Einige Tipps zum Wohlbefinden

8. Immer Sonnencreme (mit hohem Schutzfaktor) verwenden, nicht nur in den ersten Tagen!

9. Lieber mit T-Shirt! Beim Schnorcheln seid ihr stets der prallen Sonne ausgesetzt. Ein T-Shirt verhindert einen schmerzhaften Sonnenbrand am Rücken. Übrigens: Besser helle T-Shirts tragen! Sie reflektieren Licht, dunkle Farben nehmen die Strahlen auf und erwärmen sich daher stärker.

10. Eine Kappe oder eine leichte Kopfbedeckung tragen – sie bewahrt vor einem Sonnenstich!

11. Ausreichend trinken! In der Hitze benötigt der Körper größere Mengen an Flüssigkeit. Mindestens drei Liter solltet ihr pro Tag trinken. Zu empfehlen: Wasser, Tee. Das Leitungswasser hat eine ausgezeichnete Qualität. Ihr könnt es beruhigt trinken.

12. Gesund ernähren! Die starke Sonne im Süden zehrt den Körper aus. Der Verlust an Vitaminen und Mineralstoffen ist hoch. Mit viel Obst, Salat und Gemüse lässt sich dieser Verlust ausgleichen. Hilfreich ist auch ein Vitamin-Mineraltrunk aus Drogerie oder Apotheke.

Stichwort *Wetter*
13. Wind und Wetter beachten! Ob beim Schwimmen, Surfen, Bootsausflug, Radlfahren oder Wandern – Vorsicht bei herannahendem Schlechtwetter oder stürmischer Bora!

Öffnungszeiten von Museen und Kirchen

Museen

Cres
Das **Städtische Museum** im Palast Arsan wird im Sommer 2003 nach Restaurierung wieder eröffnet.

Mali Lošinj
Kunstsammlungen **Piperata** und **Mihičić** in der Volkshochschule, Palast Fritzy, V. Gortana, 35: 10-12 u. 19-21.

Osor
Archäologische Sammlung im ehemaligen Rathaus: 10-12 u. 19-21.
Ehemaliger Bischofspalast: Juli/August: 10-12 u. 19-21 Uhr. Ansonsten einfach im Tourismusamt am Hauptplatz nachfragen. Der Pfarrer öffnet auf Anfrage gerne.

Veli Lošinj
„Kula" – der Turm: Mo-Fr: 10-12 u. 19-21. Im Winter auf Anfrage: Tel. 051-231173.

Kirchen

Die Pfarrkirchen in Cres (Mutter Gottes vom Schnee),

Mali Lošinj (Mariä Geburt), Veli Lošinj (Sankt Anton) sowie die Kathedrale in Osor sind jeweils nur vor und nach den Gottesdiensten zu besichtigen. Gleiches gilt für die kleineren Kirchen auf den Inseln.

Kirche und Kloster **Sankt Franz** in Cres: von 9-12 u. 15-17 (Winter), 16-18 (Sommer). Falls das Kloster wider Erwarten geschlossen ist, am Eingang klingeln!

Nützliche Adressen

Restaurants

Nachstehend eine kleine Auswahl von empfehlenswerten Gaststätten und Restaurants. Anbei die Telefonnummern. In der Hochsaison ist Reservierung anzuraten!

Artatore/Ćunski

Der kleine malerische Ort Ćunski liegt an einem Hügel 7 km vor Mali Lošinj. Nur ein paar hundert Meter entfernt, südwestlich, ist die kleine Siedlung Artatore in einem riesigen Pinienwald versteckt. Beide Orte sind nicht nur wegen ihrer wohltuenden Ruhe oder den Badestränden einen Ausflug wert – hier könnt ihr auch hervorragend essen:

Restoran Eki, Artatore 107, Tel.: 051-233007
Restoran Artatore, Artatore, 051-235200
Restoran Ana, Artatore, 051-232975
Pizzeria Bingo, Ćunski, 051-235185

Die Visitenkarte aus Ekis Restaurant macht nicht nur Appetit: Auf der Rückseite befindet sich der Fahrplan der Schiffahrtslinien vom Festland zur Insel Cres

Beli

Gostionica Beli, Beli/ Cres, Tel.: 051-840515

Cres

Konoba Bonaca, nebenan ist der Fischmarkt, Creskog statuta 13, Tel. 051-221951
Restaurant Ulika, am Ortseingang, Tel.: 051-571425
Restaurant Belona, am Ortseingang, 051-571520
Adria Grill, am Ortseingang, Zazid 5, Tel.: 051-571520

Eine gemütliche Konoba gibt es in Loznati/ südlich der Stadt Cres.

Mali Lošinj
Restaurant *Kadin*, an der Straße Richtung Veli Lošinj, nach dem Yachthafen Lošinjskih brodograditelja 59, Tel.: 051-231451
Pizzeria Draga, gleich am Parkplatz an der Straße, die zum Hafen hinabführt; Braće Vidulića 77, Tel.: 051-231132
Gostionica Baracuda, an der westlichen Hafenmole, Priko 31, Tel.: 051-233309
Konoba Corrado, an der Straße zur Kirche Mariä Geburt (Sveti Marije, 1), Tel. 051-232487

Osor
Konoba Bonifačić, Tel. 051-237413, 237185
Apsorus, Tel. 051-237020
Buffet Osor, Tel. 051-237221
Pizzeria Livio, Tel. 051-237242

Punta Križa
Gostionica Pogana, Punta Križa, Tel.: 051-235-617

Martinšćica
Konoba Kaštel, an der Promenade
Zlatni lav, (Goldener Löwe) hier wurden früher ätherische Öle (Lavendel) und Parfums hergestellt, Tel. 051-574333

Veli Lošinj
Gostonica Marina, an der Hafenmole unterhalb des Zugangs zum Hotel Punta, Tel.: 051-236178
Gostionica Rovenska, Rovenska 42, Tel. 051-236220
Restaurant Grbica, im gleichnamigen Hotel, Tel. 051-520294
Restaurant Sirius, am Hafen der Rovenska-Bucht, 051-236399

Valun
Gostiona na moru, Valun 65, Tel.: 051-525056
Konoba Toš Juna, Valun, Tel.: 051-525084

Hotels

Auf der Inselgruppe gibt es nur wenige Hotels. Sie befinden sich in Mali und Veli Lošinj sowie in Cres.

Cres

Hotel Kimen, Cres, Tel.: 051-571322, Fax: 051-571163

Mali Lošinj

Hotel Aurora, Sunčana uvala, Tel.: 051-231324, Fax: 051-231542

Hotel Vespera, Sunčana uvala, Tel.: 051-231304, Fax: 051-231402

Hotel Bellevue, Čikat, Tel.: 051-231222, Fax: 051-231268

Villa Hortenzija, zum Hotel Bellevue gehörig, direkt am Meer, Tel.: 051-231222

Veli Lošinj

Hotel Punta (das größte Hotel der Inseln, aber sehr schön): Tel.: 051-231022, Fax: 051-236301

Grbica Residence, Hotel und Restaurant, liegt am Hügel südöstlich des Hafens, toller Blick auf die Inseln und sehr schöne kleine Anlage, Tel.: 051-236186, Fax.: 051-520294

Pension Saturn, genau am Hafen, Tel./ Fax: 051-236352

Campingplätze

Mali Lošinj

Čikat, Tel.: 051-232125, Fax.: 051-231708

Poljana, Tel.: 051-231726, Fax: 051-231728

Cres

Kovačine, Tel.: 051-571161, Fax: 051-571163, Geöffnet: 1.5.-1.10. Ein Teil ist für FKK (Freie-Körper-Kultur) reserviert

Martiniščica,

Slatina, Geöffnet 15.4-15.10, Tel.: 051-571439

Nerezine

Rapoča, Tel.:051-237145, Geöffnet: 1.5.-30.9. Tel.: 051-237145, Fax: 051-237146

Lopari, Tel.: 051-237127, -128, Fax: 051-231524, Geöffnet: 1.5.-30.9.

Osor

Bijar; Tel.: 051-237027; geöffnet: 1.5-1.10.

Preko Mosta; Tel.: 051-237115, 051-237350; geöffnet: 1.5-1.10.

Punta Križa
FKK Autocamp *Baldarin*, Punta Križa, Tel.: 051-235-646, Geöffnet: 15.4-15.10. Ein Teil ist für FKK reserviert!

Valun
Camp *Valun*, Tel. 051-571133

Internet
Wer auf einen Computer und das Internet nicht verzichten kann: **Internet Service klik**, Bočac 46, Mali Lošinj, Tel.: 051-520-165, Öffnungszeiten: 9-12 Uhr, 18-23 Uhr.

Wichtige Adressen

Kroatische Zentrale für Tourismus
Internet: www.croatia.hr.
(Informationen über Reiseziele und Unterkünfte)

Touristeninformation und Buchungen für die Insel Lošinj: **Tourismusverband Mali Lošinj**, Riva lošinskih kapetana 29 (an der östllichen Hafenmole), Tel. u. Fax: 051-231547. www.tz-malilosinj.hr

Reservierungen Cres: für Privatunterkünfte sowie das Hotel Kimen und Camp Kovačine unter Tel.: 051-571 161. Fax: 051-571163. Internet:www.cresanka.hr oder www.tzg-cres.hr.
Informationen Cres: **Turist biro**, Tel.: 051-571133, Fax: 051-571163.

Krankenhaus Mali Lošinj: Zentrale: Tel. 051-231824
Krankenhaus heißt auf Kroatisch „Dom Zdravlja".
Adresse: Dinka Kozulića 6, Ambulanz = 24 Stunden geöffnet! Notrufnummer für öffentliche Fernsprecher oder Handy: „94"

Fahrpläne der beiden Fähren zu den Inseln:
Jadrolinija, Tel.: 051-231765; oder Internet:
www.jadrolinija.hr
Auf der englischen Homepage klickt ihr „Port" (engl.: Hafen) an. Die Fährhäfen heißen – zur Erinnerung: Brestova (Istrien)/Porozina (Cres) und Valbiska(Krk)/Merag(Cres)

Begriffserklärungen

APSIS
Apsis heißt der nischenanartige, meist halbrunde Raum der Kirche, der ihrem Hauptraum angefügt ist.

BASILIKA (Mehrzahl: Basiliken)
Basiliken waren im antiken Rom große Gebäude, die vielerlei Zwecken dienten. Sie wurden als Markt- und Gerichtshallen oder von den Kaisern als Audienzraum genutzt. Die frühen großen christlichen Kirchen in Rom wurden nach der Form der antiken Basilika gebaut. Diese Bauform besteht aus einer großen Haupthalle, dem so genannten Mittelschiff, und Seitenschiffen. Das oben mit Fenstern versehene Mittelschiff ist breiter und höher gebaut als die Seitenschiffe. Basiliken sind wichtige Kirchen, und daher erhalten wichtige katholische Kirchen die Bezeichnung „Basilika", ohne dass ihre Bauform eine Rolle spielt.

BYZANTINISCHES REICH
Byzantinisches Reich ist eine andere Bezeichnung für das Oströmische Reich. Seine Hauptstadt war Konstantinopel, die vom römischen Kaiser Konstantin im Jahr 330 n.Chr. erwählte zweite Hauptstadt des antiken Römischen Reiches. Diese Stadt hieß auf Griechisch Byzanz, und somit entstand der Name Byzantinisches Reich. Im Jahr 395 n.Chr. war das antike Römische Reich in eine West- und eine Osthälfte geteilt worden. Durch die Angriffe der Germanenvölker löste sich das Westreich mit seiner Hauptstadt Rom auf. Das Byzantinische Reich, das von einem Kaiser regiert wurde, bestand weiter. Es umfasste neben Teilen Italiens auch Länder auf dem Balkan, in Nahen Osten und Nordafrika. Das Byzantini-

sche Reich bestand, bis es von den Osmanen im Jahr 1453 erobert wurde. Die Stadt Byzanz wurde dann zur Hauptstadt des Osmanischen Reiches und heißt seitdem Istanbul.

CHOR/ CHORRAUM

Der Chor ist der Ort in der Kirche, der für die Sänger oder Mönche bestimmt ist. Ursprünglich war dies der Platz vor dem Altar, später jedoch wurde er mit dem Altarraum zu einem Raum zusammengelegt.

EVANGELISTEN

In der katholischen Religionsgeschichte gibt es vier Evangelisten: den heiligen Markus, den heiligen Johannes, den heiligen Matthäus und den heiligen Lukas. Diese vier Heiligen werden auch durch Tiere oder Engel dargestellt. Der Löwe steht, wie ihr wisst, für den heiligen Markus; der Stier - oder Ochse - verweist auf den heiligen Lukas; der Adler auf den heiligen Johannes; und ein Engel deutet auf den heiligen Matthäus hin. Die Evangelisten tragen ihre Bezeichnung deshalb, weil sie in den vier Büchern des „Evangeliums" vom Leben von Jesus Christus berichten. Eine „schöne, gute Geschichte" – und genau diese Bedeutung hat das Wort „euangélion" im Griechischen, von dem „Evangelium" abstammt. Es wird angenommen, dass der heilige Markus als erster der vier Evangelisten die Ereignisse aus dem Leben Christi niederschrieb. Er wollte damit einen Beweis für seinen festen Glauben liefern und den Menschen nachfolgender Generationen einen schriftlichen Bericht hinterlassen. Die Evangelien sind die ersten vier Bücher der insgesamt 27 Bücher des Neuen Testaments, in dem nicht nur vom Leben von Jesus Christus, sondern auch von seinem Tod und von seiner Auferstehung erzählt wird.

GOTIK

Die Gotik ist eine Stilepoche der europäischen Kunst im Hoch- und Spätmittelalter, also etwa zwischen den Jahren 1150 und 1520. Der Name „Gotik" entstand im Italien der Renaissance. Dort war „Gotik" ein abschätzig gemeinter Begriff für die Kunst, wie sie damals in Frankreich, Deutschland und England geschaffen wurde. Kunst, die sich nicht am Vorbild der antiken Kunst (s. Begriff Renaissance) anlehnte, hat man damals in Italien als „gotisch" bezeichnet – nach dem Volk der Goten. Und diese galten als barbarisch: Heute aber wird der Begriff ganz neutral für eine Kunstepoche verwendet. Angewandt wird der Begriff auf Bauten, Gemälde sowie Arbeiten von Bildhauern.

KREUZGANG

Der Kreuzgang ist ein Teil des Klosters. Er ist ein überdachter Gang, der einen meist quadratischen Hof (Garten mit Brunnen) umschließt. Kreuzgänge aus dem Mittelalter und Barock sind von zumeist schön gearbeiteten Säulen begrenzt. Der Kreuzgang war ursprünglich nur den Ordensmitgliedern zugänglich. Er ist als Ort des Gebetes und der Sammlung gedacht.

MÄRTYRER

Märtyrer werden Menschen genannt, die für ihren religiösen Glauben schweres körperliches Leid oder den Tod auf sich genommen haben.

NSDAP

1920 wurde in München die Nationalsozialistische Deutsche Arbeiterpartei (NSDAP) gegründet. Bald wurde Adolf Hitler zu ihrem Parteivorsitzendem. 1933 übernahm die NSDAP die Regierung in Deutschland. Es begann eine 12-jährige Schreckensherrschaft, in der alle anders Denkenden mit Mord und Terror ausgeschaltet wurden. Die Menschen verachtende Regierung löste den Zweiten Weltkrieg aus und war verantwortlich für den Holocaust, den Massenmord an Millionen von europäischen Juden zwischen 1938 und 1945.

OSMANISCHES REICH

Die Osmanen waren ein türkisches Herrscherhaus. Sie gründeten um etwa 1300 das Osmanische Reich und waren im Mittelalter die beherrschende Macht im östlichen Mittelmeerraum. Die Osmanen unterwarfen große Teil des Byzantinischen Reiches und rückten sogar zwei Mal bis vor die Tore Wiens. Mit der militärischen Niederlage beim Kampf um Wien im Jahr 1683 aber war die Kraft der osmanischen Armee erschöpft und der Niedergang ihres Reiches besiegelt.

PARTISAN
Ein Partisan ist ein bewaffneter Widerstandskämpfer, der nicht Mitglied eines Militärs ist.

PATRIZIER waren in den europäischen Städten des Mittelaters die alteingesessenen und reichsten Bürgerfamilien. In Cres und Osor gehörten die Patrizierfamilien zum Adelsstand.

PHILOSOPHIE
Seinem griechischen Ursprung nach bedeutet „Philosophie" Weisheit oder Wissensliebe. Philosophen sind Denker, die sich mit dem Wesen der Dinge auseinandersetzen. Die europäische Philosophie wurde im antiken Griechenland begründet. Bekannte griechische Philosophen des Altertums sind Sokrates, Platon und Aristoteles.

Bei einem **RELIEF** meißeln die Bildhauer Figuren und Szenen aus einer Hintergrundfläche aus Stein, Marmor oder Holz. In der Antike wurden Bauwerke wie Tempel, Triumphbögen, Sarkophage und Säulen mit Reliefs verziert. Im Mittelalter hat man damit auch Goldschmiedearbeiten, Bronzetüren, Kanzeln, Taufbecken und Grabplatten geschmückt.

RELIQUIEN sind Überreste und Gegenstände von verstorbenen Heiligen. Sie wurden von Gläubigen und Pilgern als Geschenke und Zeichen ihres Glaubens den Kirchen vermacht. Besonders begehrt und kostbar waren Gegenstände aus Palästina, die mit Christus, der Gottes Mutter oder den Aposteln in Verbindung gebracht werden konnten. Von den Überresten der Heiligen soll eine besondere Kraft ausgehen.

RENAISSANCE
Mit diesem Wort bezeichnet man allgemein einen geschichtlichen Zeitraum, besonders aber eine Kunst-

epoche, die sich in Italien Anfang des 15. Jahrhunderts herausbildete und sich anschließend in Europa verbreitete. Im Mittelalter betrachten die Menschen alles Dasein als Schöpfung Gottes. Und Gott war Mittelpunkt des Lebens und Denkens der Menschen. In der Renaissance veränderte sich dieses „Weltbild". Gott blieb weiterhin Mittelpunkt der Schöpfung, doch die Menschen begannen sich für die Beschaffenheit der Schöpfung zu interessieren. Sie wollten den Menschen und die Welt kennen lernen. Wissenschaften wie Medizin und Mathematik wurden vorangetrieben. Es folgte die Zeit der großen Entdeckungen (Amerika, Indien). Die Künste - allen voran Baukunst, Bildhauerei und Malerei - nahmen einen großen Aufschwung. Die antike Kunst diente hier als Vorbild. Ihre Zeugnisse wurden studiert und weiterentwickelt. Der Malerei der Renaissance ging es in der Hauptsache darum, die Dinge getreu ihrem Aussehen abzubilden. Möglich war das Aufblühen der Künste nur durch den steigenden Reichtum von Bürgern, Adeligen und kirchlichen Einrichtungen, die als Auftraggeber wirkten. Berühmte Künstler jener Zeit verdienten nicht nur viel Geld, sondern waren bereits damals in der Öffentlichkeit sehr angesehene Leute (wie Leonardo da Vinci, Raffael, Michelangelo oder der Nürnberger Albrecht Dürer). Die Renaissance endet in Italien um 1580, als sich der Barock durchsetzt.

REPUBLIK
Das Wort kommt vom lateinischen „res publica" - die „öffentlichen Angelegenheiten". Die Republik ist eine Staatsform, in der das Volk oder Teile des Volkes über seine Regierung bestimmt, die nur für eine bestimmte Zeit im Amt bleibt.

RÖMISCHES REICH
In der Antike war das Römische Reich der Herrschaftsbereich des Römischen Volkes. Rom war die Hauptstadt des Reiches, das sich über große Teile Europas, Afrikas und Vorderasiens erstreckte. Die Römer hatten ein hervorragendes Heer und verfügten über eine schlagkräftige Flotte. Die römischen Truppen haben die Länder rund um das Mittelmeer

erobert. Im Norden besetzten sie Frankreich und den Großteil Englands. Im Osten reichte ihre Macht bis Bulgarien und Rumänien, und über die Alpen drangen römische Armeen bis nach Süddeutschland vor. Es gelang ihnen nicht, Germanien zu erobern. Rom hat jedoch die besiegten Völker nicht unterworfen sondern machte sie zu Bundesgenossen. Die freien Bewohner wurden zu römischen Bürgern.

ZUNFT
Im Hochmittelalter entstanden in allen europäischen Städten berufliche Organisationen von Handwerkern. Sie kümmerten sich um die Angelegenheiten des jeweiligen Berufshandwerks.

Ortsregister